# GOTT SPRICHT ZU SEINEN KINDERN

## Texte aus der Bibel

Herausgegeben vom
Internationalen Katholischen Hilfswerk
**»Kirche in Not«**

EDITORIAL VERBO DIVINO
Avda. de Pamplona, 41
31200 ESTELLA (Navarra) - España
1991

*Titelseite*
Der verlorene Sohn (Nr. 73)

*Umschlagrückseite*
Die Flucht nach Ägypten (Nr. 50)
Die Verklärung (Nr 67)
Jesus schenkt dem Sohn einer Witwe aus Naïn Leben (Nr. 62)
Das Abendmahl (Nr. 80)

2.ª edición


Fotomontage: Cometip, S. L., Plaza de los Fueros, 4. 31010 Barañain (Navarra) · Druck: Mateu Cromo, S. A., 28320 Pinto (Madrid) · D. L.: M. 9950-1991.

ISBN 84 7151 644 6

Edición en alemán (Bal/2)

# AUS DEN BÜCHERN DES ALTEN TESTAMENTS

## VOM ANFANG

### 1. Gott schafft die Welt

Im Anfang schuf Gott Himmel und Erde. Die Erde war wüst und leer. Aber der Geist Gottes schwebte über den Wassern.

Da sprach Gott: Es werde Licht! Und es wurde hell. Gott sah, daß das Licht gut war. Gott schied das Licht von der Dunkelheit. Er sagte zum Licht: Du bist der Tag. Zur Dunkelheit sagte er: Du bist die Nacht. Es war der erste Tag.

Gott sprach: Hoch oben sollen die Wolken sich sammeln. Sie sollen die Erde mit ihrem Regen tränken. Gott sagte zum Oberen: Du bist der Himmel. Es war der zweite Tag.

Gott sprach: Unten soll das Wasser sich sammeln, damit das feste Land auftaucht. Gott sagte zum festen Land: Du bist die Erde. Und zu den gesammelten Wassern sagte er: Du bist das Meer. Gott sah daß sie gut waren. Gott sprach: Auf dem Land sollen alle Arten von Pflanzen und Bäumen wachsen. Da grünten und sproßten die Pflanzen. Gott sah, daß sie gut waren. Es war der dritte Tag.

Gott sprach: Am Himmel sollen Lichter erstrahlen. Die Sonne am Tag, der Mond und die Sterne in der Nacht. Sie sollen die Zeiten anzeigen: Tag und Nacht, Woche und Monat und die Jahreszeiten. Gott sah, daß es gut war. Es war der vierte Tag.

Gott sprach: Im Wasser sollen Fische schwimmen. Vögel sollen über die Erde fliegen. Auf dem Land sollen alle Arten von Tieren leben, große und kleine. So geschah es. Gott sah, daß es gut war. Es war der fünfte Tag.

Da sprach Gott: Laßt uns Menschen schaffen nach unserem Bilde, uns ähnlich. Ihnen will ich die Erde anvertrauen: alle Fische, Vögel, Tiere und Pflanzen. Gott schuf den Menschen nach seinem Bild. Als Mann und Frau schuf er sie. Er segnete sie und sprach: Seid fruchtbar und mehret euch. Ich vertraue euch die Erde an. Ihr seid mehr als die Fische, die Vögel, die Tiere und Pflanzen. Ihr sollt für sie sorgen. Die Pflanzen sollen euch und den Tieren als Nahrung dienen. Gott sah alles, was er gemacht hatte: Es war sehr gut. Es war der sechste Tag.

In sechs Tagen hat Gott das Weltall erschaffen: den Himmel, die Erde, das Meer und alles Lebendige. Am siebten Tage ruhte Gott. Darum ist der siebte Tag für die Menschen ein gesegneter, ein heiliger Tag. (Gen 1)

## 2. Gott schenkt den Menschen das Paradies

Gott formte den ersten Menschen, Adam, aus Erde

vom Ackerboden und blies ihm seinen Lebensatem ein. So wurde der Mensch ein lebendes Wesen.

Dann legte Gott einen Garten in Eden an. Er ließ vielerlei Bäume wachsen. Es war schön, sie anzusehen, und ihre Früchte schmeckten köstlich. Mitten im Garten wuchs der Baum des Lebens und der Baum der Erkenntnis von Gut und Böse.

Gott brachte den Menschen, den er gemacht hatte, in den Garten, damit Adam ihn bearbeite und hüte. Er sagte zu ihm: Du darfst die Früchte aller Bäume im Garten essen. Nur von den Früchten des Baumes der Erkenntnis von Gut und Böse darfst du nicht essen. Wenn du davon ißt, mußt du sterben.

Gott wollte nicht, daß der Mensch allein bleibt. So brachte Gott alle Tiere und Vögel zu Adam, und der gab ihnen ihre Namen. Unter ihnen fand er keines, das wirklich zu ihm paßte. So ließ Gott einen tiefen Schlaf über den Menschen kommen. Er nahm eine von Adams Rippen und machte daraus die Frau. Als Adam sie sah, sagte er: Sie ist wie ich. Frau soll sie heißen, denn sie ist von mir genommen. Der Mann und die Frau waren nackt. Sie schämten sich aber nicht voreinander. (Gen 2)

## 3. Die Menschen verlieren das Paradies

Der Mann und die Frau lebten im Garten, den Gott ihnen anvertraut hatte. Es gab genug zu essen. Sie lebten im Frieden mit den Tieren. Sie waren glücklich, denn Gott war ihr Freund. Alles war gut. Doch dann sagte die Schlange zur Frau: Hat Gott euch wirklich verboten, von irgendeinem Baum Früchte zu essen? Die Frau antwortete: Ganz und gar nicht! Von allen Bäumen im Garten dürfen wir essen. Nur von dem einen, der mitten im Garten steht, dürfen wir nicht essen, sonst werden wir sterben. Nein, sagte die Schlange. Ihr werdet nicht sterben. Im Gegenteil. Die Augen werden euch aufgehen. Ihr werdet wissen, was gut und was böse ist - genau wie Gott.

Die Frau sah, daß die Früchte des Baumes köstlich zu essen waren und sie klug machen könnten. Sie nahm und aß. Und sie gab ihrem Mann davon zu essen. Da gingen den beiden die Augen auf. Sie merkten, daß sie nackt waren. Darum flochten sie einen Lendenschurz aus Feigenblättern. Am Abend hörten sie Gottes Schritt im Garten. Sie versteckten sich. Doch Gott rief den Menschen: Wo bist du? Adam antwortete: Ich hörte deinen Schritt. Da bekam ich Angst. Ich versteckte mich, weil ich nackt bin. Gott fragte: Woher weißt du das? Hast du von dem Baum gegessen, den ich dir verboten habe? Adam schob die Schuld auf die Frau: Sie hat mir zu essen gegeben! Und die Frau klagte die Schlange an: Sie hat mich verführt.

Da sagte Gott zur Schlange: Weil du das getan hast, bist du verflucht. Du sollst auf dem Bauch kriechen und Staub fressen. Die Frau wird dein Feind sein. Ihre Kinder werden die Feinde deiner Kinder sein. Sie zertreten euch den Kopf und ihr beißt sie in die Fersen.

Zur Frau sagte Gott: Du wirst es schwer haben. Unter Wehen wirst du deine Kinder gebären. Zum Mann sagte Gott: Mein Gebot hast du übertreten. Du wirst merken, daß die Erde kein Paradies ist. Bis du stirbst, mußt du hart arbeiten, damit du mit deiner

Familie keinen Hunger leidest. Dann kehrst du zur Erde zurück, aus der ich dich geformt habe.

Adam gab seiner Frau den Namen Eva, das heißt: Leben. Sie wurde die Mutter aller Lebendigen. Gott, der Herr, vertrieb die Menschen aus dem Paradies. Sein Wächter mit dem Flammenschwert bewachte den Eingang und den Weg zum Baum des Lebens. (Gen 3)

## 4. Kain und Abel

Adam und Eva hatten zwei Söhne: Kain und Abel. Abel wurde ein Schafhirt, Kain ein Ackerbauer. Auf den Feldern Kains wuchs viel Korn. Davon brachte er Gott ein Opfer zum Dank. Abel opferte eines von seinen Lämmern. Gott gefiel das Opfer des Abel. Auf das Opfer des Kain achtete er nicht. Da wurde Kain zornig und böse. Gott warnte ihn: Warum bist du zornig? Warum starrst du vor dich hin? Wenn du Gutes planst, kannst du jedem in die Augen schauen. Wenn

du Böses planst, dann wartet die Sünde auf dich. Sie will dich verschlingen, aber du kannst sie besiegen.

Doch Kain sagte zu seinem Bruder: Komm mit mir auf das Feld. Als sie auf dem Feld waren, schlug Kain seinen Bruder Abel tot. Gott fragte den Kain: Wo ist Abel, dein Bruder? Kain antwortete: Ich weiß es nicht. Bin ich der Hüter meines Bruders? Da sagte Gott zu ihm: Was hast du getan? Das Blut deines Bruders floß in die Ackererde. Du kannst nicht länger Bauer bleiben, denn der Acker wird dir keine Frucht mehr wachsen lassen. Du hast die Heimat verloren. Ruhelos mußt du von einem Ort zum anderen ziehen.

Da klagte Kain: Meine Strafe ist zu schwer. Du vertreibst mich vom Ackerland und aus deiner Nähe. Du machst mich zum Flüchtling - heimatlos. Jeder kann mich totschlagen. Gott aber machte dem Kain ein Zeichen auf die Stirn, um ihn zu schützen. (Gen 4,1-15)

## 5. Noach und die große Flut

Gott sah, daß die Menschen, die er als sein Bild erschaffen hatte, immer mehr Böses planten und taten. Die Erde war voller Gewalttat. Darum reute es Gott, daß er den Menschen gemacht hatte. Er sprach: Ich will die Menschen, die ich erschuf, vernichten. Die Menschen, die Tiere und alles, was auf der Erde lebt.

Noach war Gott treu geblieben. Darum wollte Gott ihn und seine Familie durch das Gericht hindurchretten. Gott sagte zu Noach: Mach dir einen Kasten aus Holz, der wie ein großes Schiff auf dem Wasser schwimmen kann. Denn ich werde eine gewaltige Flut über die Erde schicken. Alles Lebendige wird im Wasser umkommen. Nur du und diejenigen, die mit dir in der Arche sind, werden gerettet.

Noach fing an, mit seinen Söhnen die Arche zu bauen, genauso wie Gott gesagt hatte. Sie bauten viele Kammern in das Schiff, denn sie sollten ja ein Paar von allen Tieren mitnehmen. Gott hatte es gesagt. Als die Arche fertig war, sammelte Noach Vorräte. Dann

zog er mit seinen Söhnen und ihren Familien in die Arche. Von allen Tieren nahmen sie ein Paar mit. Gott selbst verschloß die Tür hinter ihnen.

Dann begann es zu regnen. Das Wasser stürzte vom Himmel und überschwemmte die Erde. Es stieg hoch und höher. Die Tiere ertranken - und auch die Menschen. Die Vögel fanden keinen Baum mehr, auf dem sie sitzen konnten. So starb alles Lebendige auf der Erde. Einzig Noach und die, die mit ihm in der Arche waren, überlebten die Flut.

Endlich, nach vierzig langen Tagen, hörte der Regen auf. Zuerst ließ Noach einen Raben fliegen. Der kehrte bald zu ihm zurück. Dann, eine Woche später, ließ er eine Taube frei. Auch sie kam zurück. Erst eine zweite Taube, die Noach wieder eine Woche später fliegen ließ, brachte einen Olivenzweig in ihrem Schnabel zur Arche. Bald danach sagte Gott zu Noach: Nun kannst du herauskommen. Du und alle, die mit dir gerettet wurden. Da kamen sie aus der Arche. Die Menschen und die Tiere. Für alle begann ein neues Leben. Noach dankte Gott und brachte ihm ein Opfer.

Gott sprach zu Noach: Ich will meinen Bund für euch schließen, für die Menschen und für alle Tiere. In diesem Bund könnt ihr und eure Kinder leben. Ich verspreche euch, daß ich keine Flut mehr schicken werde, die das Leben auf der Erde vernichtet. (Gen 6 - 9)

# VON DEN PATRIARCHEN

## 6. Gott ruft Abraham

Abraham war ein Hirt. Zu ihm sprach Gott: Brich auf! Zieh fort von deiner Heimat, fort von deiner Verwandtschaft, fort aus dem Haus deines Vaters. Zieh in das Land, das ich dir zeigen werde. Ich mache dich zu einem großen Volk. Ich segne dich und mache deinen Namen groß. An dir sollen alle Menschen erkennen,

was es heißt, ein Gesegneter zu sein. Allen, die dir Gutes wünschen, will auch ich Gutes wünschen. Alle, die dir Böses wünschen, werde ich verfluchen. Durch dich sollen alle Menschen gesegnet werden.

Abraham brach auf, wie Gott ihm befahl. Er war fünfundsiebzig Jahre alt. Er nahm seine Frau Sara mit und seinen Neffen Lot, dazu alle Tiere, die ihm gehörten und alle, die für ihn arbeiteten. Abraham zog in das Land, das Gott ihm und seinen Kindern versprochen hatte. Ein gutes und fruchtbares Land, das Land Kanaan. Dort baute Abraham Altäre für Gott. (Gen 12,1-8)

## 7. Gott im Bund mit Abraham

In einer Nacht sprach Gott mit Abraham. Er sagte: Fürchte dich nicht! Ich werde dich schützen und dich reich machen. Abraham antwortete: Was soll mir der Reichtum, solange du mir das Wichtigste verweigerst? Ich habe keinen Sohn, der mein Erbe wäre und meinen Namen weitergeben könnte. Doch Gott führte Abraham vor das Zelt: Schau zum Himmel hinauf.

Sieh die Sterne. So viele Söhne und Töchter wirst du haben. Abraham vertraute Gott und Gott erkannte Abrahams Glauben an.

Abraham hatte sein Zelt bei den Eichen von Mamre aufgeschlagen. Um die Mittagszeit saß er im Zelteingang. Da sah er drei Männer, die auf ihn zukamen. Abraham stand auf und lief ihnen entgegen: Zieht nicht an mir vorbei. Kommt und ruht euch aus. Abraham gab den Fremden Butter und Milch, Fleisch und Brot zu essen. Nach dem Essen fragte einer der Gäste: Abraham, wo ist deine Frau Sara? Sie ist im Zelt, antwortete Abraham. Der Fremde aber sprach: Im nächsten Jahr um diese Zeit komme ich wieder. Dann wird Sara einen Sohn zur Welt bringen.

Sara stand hinter Abraham im Zelt. Sie hörte, was der Fremde sagte. Sie lachte und dachte: Der Fremde weiß wohl nicht, wie alt ich bin; und auch Abraham ist ein alter Mann. Doch der Fremde fragte: Ist bei Gott etwas unmöglich? (Gen 15,1-8; 18)

## 8. Das Vertrauen Abrahams

Gott hielt sein Versprechen. Sara, eine alte Frau, wurde Mutter. Abraham, ein alter Mann, wurde Vater und bekam einen Erben. Sara und Abraham gaben ihrem Sohn den Namen, den Gott selbst ihm zubestimmt hatte: Isaak, das heißt: Gott möge freundlich lächeln. Isaak wuchs heran.

Gott wollte Abraham auf die Probe stellen. Er sagte zu ihm: Nimm deinen Sohn, deinen einzigen, den du lieb hast, und bring ihn mir als Brandopfer dar. Am Morgen holte Abraham den Lastesel und lud ihm Holz auf. Dann rief er seine Knechte und seinen Sohn. Drei Tage lang gingen sie bis zu einem Berg. Dort ließ Abraham die Knechte und den Esel zurück. Bleibt hier, sagte er. Isaak geht mit mir auf den Berg. Wenn wir gebetet und geopfert haben, kommen wir zurück.

Isaak trug das Holz. Abraham trug das Messer und den Topf mit der glühenden Kohle. Vater, sagte Isaak, wir haben Holz und Feuer. Doch wir haben kein Op-

fer. Gott wird dafür sorgen, antwortete Abraham. Auf dem Berg baute Abraham einen Altar aus Steinen. Darauf schichtete er das Holz. Dann band er seinen Sohn, Isaak, und legte ihn darauf. Er nahm das Messer. Da hörte er die Stimme: Abraham! Tu dem Jungen nichts Böses! Du hast mir gezeigt, wie du auf mich hörst und mir vertraust. Du warst bereit, mir Isaak zu geben - deinen einzigen Sohn.

Als Abraham sich umsah, bemerkte er einen Schafbock, der sich im Gestrüpp verfangen hatte. Er legte das Tier auf den Altar und brachte Gott das Opfer. Dann ging er mit Isaak vom Berg herab. (Gen 22)

## 9. Isaak, Esau und Jakob

Isaak erbte die Herden Abrahams, die Knechte und die Mägde. Er erbte auch den Segen Gottes. Weil seine Frau Rebekka keine Kinder bekam, betete Isaak zu Gott. Gott erhörte ihn. Rebekka wurde Mutter. Sie gebar zwei Söhne; Zwillinge, die vom ersten Tag an niemand verwechseln konnte. Der Erstgeborene hatte Haare an den Armen und Beinen. Seine Eltern nannten ihn Esau. Der andere Sohn hatte eine glatte Haut. Sie nannten ihn Jakob. Esau wurde Jäger. Jakob blieb in der Nähe der Zelten und arbeitete als Hirt und Bauer. Isaak hatte den Esau lieber, denn er aß gerne gebratenes Wild. Rebekka aber hatte Jakob lieber.

Einmal hatte Jakob gerade Linsensuppe gekocht als Esau erschöpft nach Hause kam. Er sagte: Gib mir etwas zu essen von dem Roten da! Jakob antwortete: Verkauf mir erst dein Erstgeburtsrecht. Da sagte Esau: Ich sterbe vor Hunger, was nützt mir da die Erstgeburt! Mit einem Schwur verkaufte er sein Erstgeburtsrecht. Dann erst gab ihm Jakob Brot und Linsensuppe.

Isaak wurde alt. Er konnte nicht mehr gut sehen. Eines Tages sagte er zu Esau: Geh auf die Jagd. Bring mir gebratenes Wild zum essen. Dann will ich dir den Segen Gottes weitergeben. Rebekka hörte, was Isaak sagte. Sie wollte Jakob den Segen verschaffen. Darum sagte sie zu ihm: Hol zwei kleine Ziegen. Sie briet das Ziegenfleisch. Dann band sie Jakob die Ziegenfelle um die Arme und den Hals. So schickte sie ihn zu Isaak.

Isaak hörte den Schritt. Er fragte: Wer bist du? Ich bin Esau, sagte Jakob. Ich bringe dir den Braten. Iß zuerst, dann gib mir den Segen, wie du es versprochen hast. Isaak griff nach den Armen seines Sohnes. Er fühlte das Fell. Er ließ sich täuschen. Er segnete Jakob: Gott gebe dir alles, was du auf der Erde brauchst. Gesegnet, wer dich segnet!

Gleich danach kam Esau von der Jagd zurück. Er brachte dem Vater gebratenes Fleisch. Er bat ihn um den Segen. Da erkannte Isaak, daß sein Sohn Jakob ihn getäuscht hatte. Doch den Segen, den er ihm weitergegeben hatte, konnte er nicht zurücknehmen. Esau wurde böse. Er sagte: Wenn unser Vater Isaak gestorben ist, werde ich Jakob erschlagen. Rebekka hörte davon. Sie sagte zu Jakob: Flieh zu deinem On-

kel Laban nach Haran. Bei ihm kannst du warten, bis Esau seinen Zorn vergessen hat. So kam Jakob zu Laban. Er arbeitete als Viehhirt für Laban. Doch er sorgte auch für seine eigenen Herden. Er heiratete und bekam Kinder.

Nach zwanzig Jahren zog Jakob mit seiner ganzen Familie zurück nach Kanaan. Unterwegs übernachtete er am Fluß Jabbok. Er hatte all seinen Besitz ans andere Ufer gebracht und war allein zurückgeblieben. In dieser Nacht kämpfte ein Mann mit Jakob bis zum Morgengrauen. Nach dem Kampf segnete er Jakob und sagte: Von nun an sollst du nicht mehr Jakob heißen, sondern Israel, das heißt: Streiter Gottes. Denn mit Gott und mit Menschen kämpfst du und bleibst Sieger.

Jakob versöhnte sich mit seinem Bruder Esau. Er lebte im Land Kanaan und er hatte zwölf Söhne: Ruben, Simeon, Levi, Juda, Issachar, Sebulon, Josef, Benjamin, Dan, Naftali, Gad und Ascher. Sie wurden die Stammväter des Volkes Israel. (Gen 25 - 35)

## 10. Josef kommt nach Ägypten

Jakob liebte den Josef mehr als seine anderen Söhne. Er gab ihm ein schönes Kleid. Da wurden die anderen eifersüchtig. Eines Tages schickte Jakob den Josef zu seinen Brüdern auf die Viehweide. Da packten sie ihn und warfen ihn in einen Brunnenschacht. Zuerst wollten sie ihren Bruder totschlagen. Dann verkauften sie ihn für zwanzig Silberstücke an fremde Händler. Die Brüder zerrissen das Kleid Josefs und bespritzten es mit dem Blut eines Lammes. Dann schickten sie es durch einen Boten zu Jakob. Jakob erkannte das Kleid auf den ersten Blick. Er glaubte, ein Raubtier habe Josef überfallen. Jakob trauerte lange um seinen liebsten Sohn.

Josef kam mit den Händlern nach Ägypten. Dort verkauften sie ihn an den Offizier Potifar. Josef arbeitete für Potifar, und alles was er tat, gelang. Denn Gott war mit ihm. Potifar machte Josef zu seinem Verwalter. Potifars Frau wollte Josef verführen. Weil Josef sie zurückwies, verleumdete sie ihn bei ihrem

Mann. Da ließ Potifar den Josef ins Gefängnis werfen. Damals waren auch der Bäcker und der Mundschenk des Pharao im Gefängnis. Die beiden träumten einen Traum. Sie erzählten Josef davon und der konnte ihnen sagen, was ihr Traum bedeutete: Der Mundschenk sollte freigesprochen werden und zu seiner Arbeit zurückkehren. Der Bäcker sollte verurteilt und hingerichtet werden. Alles geschah, wie Josef gesagt hatte. (Gen 37; 39 - 40)

## 11. Jakob und seine Söhne kommen nach Ägypten

Zwei Jahre danach träumte der Pharao, der König von Ägypten. Er fragte alle Weisen und Traumdeuter seines Landes, doch keiner konnte ihm den Traum deuten. Da erinnerte sich der Mundschenk an Josef. Er sagte zum Pharao: Im Gefängnis ist ein junger Mann, ein Israelit. Er konnte mir und dem Bäcker einen Traum deuten. Was er uns sagte, ist geschehen. Der Pharao ließ Josef rufen. Er erzählte seinen Traum: Sieben gesunde, fette Kühe steigen aus dem Nil. Dann sieben knochige und magere - die fressen die gesunden. Und: sieben volle und schwere Ähren reifen an einem Halm. Dann sieben leere, verdorrte - sie verdrängen die vollen. Josef erklärte dem Pharao: Gott hat dir in der Nacht gezeigt, was kommen wird: Sieben Jahre, in denen das Vieh gedeiht und das Korn auf den Feldern reift. Dann sieben Jahre, in denen der Regen ausbleibt. Die Tiere verdursten, das Korn verdorrt. Ich kann dir einen Rat geben: Laß Lagerhäuser bauen, kaufe den Überschuß der guten Jahre. Lege Vorräte an für die Hungerjahre. Der Pharao vertraute Josef. Er setzte ihn zum Verwalter ein. Und als nach sieben Jahren reicher Ernte kein Regen fiel, das Vieh durstete und die Ernte verdorrte, öffnete Josef die Lagerhäuser. Von weit her kamen die Hungernden, um bei Josef Korn zu kaufen.

Auch Jakob und seine Söhne hatten nichts mehr zu essen. So schickte Jakob seine Söhne nach Ägypten. Josef sah seine Brüder und erkannte sie gleich.

Sie aber erkannten ihn nicht. Josef stellte seine Brüder auf die Probe. Er wollte wissen, ob sie jetzt wie Brüder füreinander einstehen würden. Er befahl, seinen silbernen Becher in Benjamins Sack zu legen. Als die Brüder auf dem Rückweg waren, schickte Josef seinen Hausverwalter hinter ihnen her. Der hielt sie an und klagte sie an: Warum habt ihr Gutes mit Bösem vergolten? Warum habt ihr den silbernen Becher meines Herrn gestohlen? Die Brüder verteidigten sich: Wir haben nichts gestohlen! Doch als Benjamins Sack durchsucht wurde, fand sich der Becher.

Da kehrten die Brüder allesamt zum Josef zurück. Josef sagte: Ihr anderen könnt gehen! Nur der eine, bei dem man den Becher fand, der soll bleiben. Juda erwiderte ihm: Unser Vater liebt seinen jüngsten Sohn. Er würde sich zu Tode grämen, wenn ihm ein Leid geschähe. Laß mich an Benjamins Stelle bleiben. Da konnte Josef sich nicht mehr zurückhalten: Ich bin Josef, euer Bruder, sagte er. Ihr habt mich verkauft; ihr habt Böses gewollt. Gott aber hat es zum Guten gewandt. Er ließ mich nach Ägypten kommen, damit ich euch retten kann. Schnell, kehrt zu unserem Vater zurück und kommt mit ihm hierher nach Ägypten. Hier werdet ihr keine Not leiden. Jakob freute sich von Herzen als er hörte, daß Josef lebt. Er zog mit seinen Söhnen und ihren Familien nach Agypten. Dort lebten sie im Land Goschen als Hirten. Solange die Hungerzeit dauerte, sorgte Josef für seine Brüder. (Gen 41 - 47)

# MOSE FÜHRT DAS VOLK DURCH DIE WÜSTE

## 12. Gott rettet Mose

Josef und seine Brüder starben. Ihre Kinder und Enkel, die Israeliten, lebten in Ägypten. Dort wurden sie zum großen Volk. Viel Zeit verging. Ein neuer Pharao herrschte in Ägypten. Er wußte nichts davon, daß Josef den Ägyptern in großer Hungersnot geholfen hatte. Er fürchtete die Israeliten und sagte: Sie sind stark. Bald werden sie stärker sein als wir Ägypter. Doch ich werde das verhindern. Zuerst machte dieser Pharao die Israeliten zu Zwangsarbeitern. Sie mußten Städte bauen. Dazuhin befahl er, daß alle neugeborenen Söhne der Israeliten im Nil ertränkt werden sollten. Wenn keine Söhne mehr heranwachsen, geht es mit einem Volk bald zu Ende.

Da war eine Mutter. Sie wollte ihren kleinen Sohn

retten. Zuerst versteckte sie ihn im Haus. Nach drei Monaten konnte sie ihn nicht mehr zu Hause behalten. Sie flocht einen Binsenkorb. Den verschmierte sie mit Pech und machte ihn wasserdicht. Dann legte sie ihren kleinen Jungen in den Korb und versteckte ihn im Schilf auf dem Nil. Ihre Tochter Mirjam blieb am Ufer, um zu sehen, was mit dem Körbchen geschah.

Die Tochter des Pharao kam an den Nil. Sie wollte im Fluß baden. Sie sah das Körbchen und ließ es ans Ufer bringen. Sie sah das Kind und hatte Erbarmen mit ihm. Mirjam kam aus ihrem Versteck und fragte: Soll ich eine Frau suchen, die das kleine Kind für dich pflegt? Die Tochter des Pharao sagte: Tu das! Da holte Mirjam ihre Mutter herbei. Ihr gab die Königstochter das Kind zur Pflege. Sie gab ihm den Namen Mose.

Als Mose größer war, lebte er im Palast. Er wurde erzogen als wäre er ein Ägypter. Doch er vergaß nie, daß er zu denen gehörte, die schwere Sklavenarbeit leisten mußten. Einmal sah er, wie ein Ägypter einen Israeliten schlug. Da packte Mose der Zorn. Er schlug den Ägypter tot. Nun mußte Mose fliehen. Er kam in das Land Midian und wurde Hirt im Haus des Priesters Jitro. (Ex 1 - 2)

## 13. Gott sendet Mose

Mose zog mit seiner Herde durch die Wüste. Er kam zum Sinai, dem Berg Gottes. Dort sah er einen Dornbusch. Der brannte und verbrannte doch nicht. Neugierig trat Mose näher. Da hörte er die Stimme: Mose, Mose! Ich bin der Gott deines Vaters; der Gott Abrahams, Isaaks und Jakobs. Da bedeckte Mose sein Gesicht. Er fürchtete sich, Gott anzuschauen. Gott aber sprach: Ich habe gesehen, wie mein Volk in Ägypten mißhandelt wird. Ich habe ihr Schreien gehört. Ich weiß, was sie leiden. Darum schicke ich dich zum Pharao. Du sollst mein Volk aus Ägypten herausführen. Mose antwortete: Wer bin ich schon, daß ich zum Pharao gehen und ihm etwas befehlen könnte? Gott aber sagte: Ich werde mit dir sein.

Mose hatte noch einen Einwand: Die Israeliten werden mir nicht glauben, wenn ich ihnen sage, der Gott der Väter schickt mich zu euch. Sie werden fordern: Sag uns seinen Namen! Was soll ich ihnen dann antworten? Gott aber sagte: Ich bin der Ich-bin-da. Das ist mein Name für alle Zeit. Noch immer wollte Mose den Auftrag nicht annehmen. Er sagte: Ich kann nicht reden. Da erwiderte Gott: Gehe nun, ich werde dir sagen, was du reden sollst. Mose entgegnete: Schick doch einen anderen! Doch Gott hatte Mose erwählt.

Mose zog mit seiner Familie zurück nach Ägypten. Sein Bruder Aaron kam ihm entgegen. Zusammen mit ihm rief Mose die Familienväter der Israeliten herbei. Er berichtete ihnen, was der Gott Abrahams, Isaaks und Jakobs ihm aufgetragen hatte. Die Israeliten hörten, daß Gott ihre Not wenden wollte. Sie vertrauten ihm und beteten ihn an. (Ex 3)

## 14. Laß mein Volk frei!

Mose und Aaron gingen zum Pharao. Sie forderten: Laß unser Volk frei! Gott will es. Der Pharao dachte nicht daran, die Israeliten freizulassen. Er sagte: Wer ist schon der Gott Israels, daß ich auf ihn hören sollte? Ich kenne ihn nicht und ich werde die Israeliten nicht ziehen lassen. Ich werde mehr Arbeit von ihnen fordern, damit sie nicht vergessen, wer hier die Macht hat. An demselben Tag befahl er den Aufsehern: Verlangt von den Israeliten soviel Arbeit, daß sie dieses Geschwätz vergessen.

Die Israeliten stöhnten unter der Fron. Mose flehte zum Herrn. Und Gott versprach ihm: Ich bin Gott und ich führe euch aus Ägypten. Ich nehme euch als mein Volk an. Ihr werdet erkennen, daß ich euer Gott bin. Ich bringe euch in das Land, das ich dem Abraham, dem Isaak und dem Jakob versprochen habe. Ich werde es euch als Erbbesitz geben.

Gott ließ den Pharao seine Macht spüren. Schwere Plagen kamen über Ägypten: Unwetter, Mißernte, Wasser- und Viehpest. Das Ungeziefer drang in die Häuser ein. Die Luft war so schmutzig, daß alle Hautgeschwüre bekamen. Der Pharao merkte wohl, woher das Unglück kam. Zweimal, dreimal tat er so, als wolle er die israelitischen Zwangsarbeiter freigeben. Doch sobald die Plage vorüber war, nahm er sein Wort zurück. (Ex 5 - 11)

## 15. Die erste Osternacht

Dann sprach Gott zu Mose: Heute, in der Nacht, wird der Pharao euch freilassen. Macht euch zum Aufbruch bereit. Jede Familie soll ein Lamm schlachten. Von seinem Blut macht ein Zeichen an die Tür eurer Häuser. Zieht Wanderschuhe an. Nehmt den Stab in die Hand. Eßt in Eile und laßt keinen Rest. In dieser Nacht werden die ältesten Söhne der Ägypter sterben. An euren Häusern, die mit dem Blut gezeichnet sind, geht der Todesengel vorüber.

Alles geschah, wie Gott gesagt hatte. Die erstgeborenen Söhne der Ägypter starben. Der Sohn der armen Leute und auch der Sohn des Pharao. In dieser Nacht weinten die Ägypter um ihre Söhne. Da ließ der Pharao Mose und Aaron rufen und befahl: Schnell, fort mit euch! Nehmt alles mit, was euch gehört. Die Israeliten sammelten sich und zogen fort aus Ägypten.

Diese erste Osternacht vergaß das Volk Israel nicht. Die Mütter und Väter vergassen nicht, daß Gott ihre erstgeborenen Söhne verschonte. Seitdem bringen sie ihm nach der Geburt des ersten Sohnes eine Gabe. In jedem Jahr feiern sie Pascha, das Fest des Auszugs und erklären es ihren Kindern so: Mit starker Hand hat uns Gott aus der ägyptischen Sklaverei befreit. (Ex 12 - 13)

### 16. Gott rettet sein Volk

Bald reute es den Pharao, daß er die Israeliten freigelassen hatte. Er alarmierte seine Soldaten und die

Führer der Kampfwagen. Mit ihnen jagte er hinter den Israeliten her. Die Israeliten lagerten am Schilfmeer. Einer ihrer Wächter sah die Staubwolke: Die Ägypter kommen! Die Israeliten erschraken, denn sie saßen in einer Falle. Vor ihnen das Meer, hinter ihnen der Feind mit starken Waffen. Sie klagten den Mose an: Warum hast du uns hierher ins Verderben geführt? Hier werden wir alle sterben! Doch Mose antwortete ihnen: Habt keine Angst! Heute werdet ihr erleben, wie Gott rettet.

Mose streckte seine Hand über das Meer, wie Gott es ihm geboten hatte. Ein Ostwind kam auf. Der trieb die Wasser zur Seite. Das Volk Israel zog durch das Meer hindurch: Männer und Frauen, Töchter und Söhne, Rinder und Schafe - ein langer Zug.

Die Ägypter kamen an das Ufer. Sie zögerten nicht lang. Sie stürmten hinterher. Doch der Weg, den Israel im Vertrauen auf Gott gehen konnte, wurde für die Ägypter ein Weg in den Tod: Die Wasser strömten zurück. Rosse und Kampfwagen, das ganze Heer des

Pharao, versank in den Fluten. Die Israeliten erlebten, wie Gott rettet.

Mirjam, die Schwester des Mose, spielte auf dem Tamburin. Sie tanzte mit den Frauen und sang das Siegeslied: Preist den Herrn, preist ihn, denn er ist stark und mächtig. Pferde und Wagen ließ er im Meer versinken. (Ex 14 - 15)

## 17. Gott sorgt für sein Volk

Vom Schilfmeer führte Mose das Volk Israel durch die Wüste. Drei Tage lang suchten sie nach einem Brunnen. Schließlich fanden sie eine Quelle. Doch ihr Wasser schmeckte bitter. Man konnte es nicht trinken. Da rebellierten die Israeliten gegen Mose: Du läßt uns in der Wüste verdursten! Mose bat Gott: Hilf uns! Und Gott zeigte dem Mose ein Stück Holz. Als Mose dieses Holz auf das Wasser legte, verlor es seinen bitteren Geschmack. Die Durstigen konnten trinken.

Bald danach kamen sie wieder zu Mose: Warum hast du uns in die Wüste geführt? Wären wir doch in Ägypten geblieben! Dort hatten wir volle Fleischtöpfe und Brot, soviel wir wollten. Gott aber sagte dem Mose: Ich werde euch Brot und Fleisch geben, damit ihr lernt, daß man mir vertrauen kann. Und wirklich: Am Abend flog ein großer Vogelschwarm um das Lager der Israeliten. Die Vögel ließen sich fangen. Am Morgen lagen weiße, süße Mannakörner auf dem Boden. Jeder konnte sammeln und alle wurden satt. Nicht nur an diesem Tag, sondern jeden Tag. So lange das Volk Israel durch die Wüste zog - vierzig Jahre lang - gab Gott ihnen Brot und Fleisch.

Seitdem erzählen Eltern ihren Kindern wie Gott für sein Volk gesorgt hat, und wie er sorgt. Alle sollen wissen, daß man ihm vertrauen und sich auf seine Hilfe verlassen kann. (Ex 15,22 - 16,36)

## 18. Gott wählt ein Volk

Das Volk Israel zog durch die Wüste, von einem

Rastplatz zum anderen. Im dritten Monat lagerten sie am Berg Sinai. Mose stieg zu Gott auf den Berg. Gott trug ihm auf: Sag den Israeliten: Ihr habt gesehen daß ich mächtiger bin als die Ägypter. Ich habe euch hierhergetragen wie ein Adler seine Jungen trägt. Wenn ihr auf das hört, was ich sage und meinen Bund haltet, dann werdet ihr zum Volk, das mir näher steht als die anderen Völker. Die ganze Erde gehört mir. Doch ihr sollt mir gehören wie die Priester, die bereit sind, mir zu dienen. Ihr seid ein erwähltes, heiliges Volk.

Als Mose vom Berg herabkam und dem Volk sagte, was Gott ihm aufgetragen hatte, riefen alle: Wir sind bereit! Wir wollen alles tun, was Gott sagt. Wir wollen leben, wie er will. Am Sinai gab Gott seinem Volk Gebote. Sie gelten für alle Menschen und für alle Zeit. Alle, die Gott die Treue halten, werden erfahren, daß Gott ihnen die Treue hält. Gott sagte: Ich bin der Herr, dein Gott. Ich habe dich aus Ägypten herausgeführt, aus dem Land der Knechtschaft.

1. Du sollst keine anderen Götter neben mir haben. Mach dir kein Gottesbild. Diene keinem außer mir.

2. Du sollst meinen Namen nicht mißbrauchen.

3. Du sollst den siebten Tag heilig halten. An diesem Tag soll niemand arbeiten.

4. Du sollst deinen Vater und deine Mutter ehren.

5. Du sollst nicht morden.

6. Du sollst die Ehe nicht brechen.

7. Du sollst nicht stehlen.

8. Du sollst nichts Unwahres über einen Mitmenschen sagen.

9. Du sollst nicht nach der Frau eines anderen verlangen.

10. Du sollst nicht nach dem Hab und Gut eines anderen verlangen.

Mose schrieb die Gebote, die Gott seinem Volk gegeben hatte, auf zwei Steintafeln. Die Tafeln legte er in die heilige Lade. Sie sind das Unterpfand für den Bund, den Gott mit seinem Volk Israel schloß. (Ex 19-20)

## 19. Lebensregeln

Volk Israel, höre: Der Herr ist dein Gott - der Herr und keiner sonst. Darum sollst du ihn lieben mit ganzem Herzen, ganzer Seele und mit all deinen Kräften. (Dtn 6,4-5)

Wenn du eine Stadt belagerst, dann darfst du ihre Bäume nicht fällen. Du darfst von den Früchten der Bäume essen, doch umhauen darfst du sie nicht. (Dtn 20,19)

Eine schutzlose Witwe oder Waise darfst du nicht ausnützen. Wenn du sie bedrückst und sie zu mir rufen, stehe ich auf ihrer Seite. (Ex 22,21f)

Wenn sich das Rind oder das Schaf eines anderen verirrt, darfst du nicht tatenlos zusehen. Führe das Tier zu dem zurück, dem es gehört. (Dtn 22,1)

Wenn ein Armer für dich arbeitet, darfst du ihn nicht auf seinen Lohn warten lassen. Gib ihm seinen Lohn noch am selben Tag. (Dtn 24,14-15)

Wenn du einen Ölbaum abgeklopft und die Trauben geschnitten hast, dann laß das, was auf dem Ölbaum oder an der Rebe geblieben ist, für die Armen. (Dtn 24,20-22)

Unterdrückt die Fremden nicht, die in eurem Land leben. Gebt ihnen die gleichen Rechte, wie ihr selbst sie habt. Liebt die Fremden wie euch selbst und vergeßt nicht, daß ihr in Ägypten als Fremde gelebt habt. Ich sage es, der Herr, euer Gott. (Lev 19,33-34)

Sag nichts Böses über einen Tauben, der sich nicht verteidigen kann. Wirf einem Blinden nichts in den Weg, worüber er stolpern kann. (Lev 19,14)

Laß in deinem Herzen keinen Haß gegen deinen Bruder aufkommen. Weise deinen Nächsten zurecht, sonst wirst du schuldig. Räche dich nicht und trage keinem etwas nach. Liebe deinen Nächsten wie dich selbst. (Lev 19,17-18)

## 20. Der Tod des Mose

Gott hat sein Volk aus der ägyptischen Knechtschaft befreit. Vierzig Jahre lernten die Israeliten in

der Wüste, daß sie Gott vertrauen können. Sie lernten auch, wie Menschen miteinander leben können.

Die Frauen und Männer, die mit Mose aus Ägypten gezogen waren, starben in der Wüste. Auch Mose wurde alt. Er merkte, daß er sterben würde. Da segnete er das Volk. Er sagte: Wie glücklich bist du, Israel! Wer ist dir gleich, du Volk gerettet durch den Herrn? Dann stieg er auf den Gipfel des Berges Nebo. Dort zeigte ihm der Herr das ganze Land Kanaan, das er seinem Volk versprochen hatte. Mose starb an der Grenze des Landes. Gott hatte ihm ja gesagt: Ich werde dich das Land schauen lassen. Aber hineinkommen wirst du nicht. Dreißig Tage trauerten die Israeliten um Mose. (Dtn 33-34)

# KÖNIGE UND PROPHETEN

## 21. Im verheißenen Land

Vor seinem Tod hatte Mose den Josua zu seinem Nachfolger bestellt. Er sollte die Israeliten in das Land Kanaan führen, in dem Abraham, Isaak und Jakob gelebt hatten. Doch die Völkerschaften, die im Kanaan lebten, wollten die Israeliten nicht in das Land einziehen lassen. Unter Josuas Führung hielten sich die Israeliten an das Versprechen Gottes. Sie ließen sich nicht vertreiben. Allmählich eroberten sie das Land. Sie bauten Dörfer und lebten als Bauern wie die Kanaaniter.

Die Israeliten konnten viel von den Kanaanitern lernen: Wann man das Korn sät oder die Trauben erntet; wie man die besten Werkzeuge macht; wie man kocht und sich kleidet. Doch eines durften sie nicht wie die Kanaaniter tun, wenn sie dem Bund mit Gott treu bleiben wollten: Sie durften die Götter der Kanaaniter nicht anbeten und ihnen nicht dienen. Die Israeliten fanden es schwer, dieses Gebot zu halten.

Die Kanaaniter hatten ja überall im Land, auf Bergen und unter hohen Bäumen, Opferstätten, an denen sie ihren Göttern dienten, um Regen und eine gute Ernte beteten.

Die Israeliten machten in jener Zeit eine neue Erfahrung: Solange sie dem Gott des Abraham, des Isaak und des Jakob treu blieben, schenkte er ihnen Schutz und Segen. Wenn sie ihm untreu wurden, gerieten sie in Not und Bedrängnis. Doch wenn sie zu ihm zurückkehrten, die eigene Schuld bekannten und ihn um Vergebung baten, dann wandte er sich ihnen wieder zu und segnete sie. (Jos; Ri)

## 22. Das Volk will einen König

Die Israeliten teilten das Land so auf, daß jede der zwölf großen Stammesgruppen ein eigenes Gebiet erhielt. Die Ältesten der Stämme verteilten das Land an die Familien. Jede erhielt soviel, daß sie davon satt werden konnte.

Die Stämme lebten für sich. Doch gegen Feinde verteidigten sie sich gemeinsam. Dann schenkte Gott ihnen einen Retter, der sie aus der Gefahr führte.

Doch dann wurde es Israel sehr schwer, einzig Gott zu trauen und darauf zu warten, bis er in jeder Not einen Retter schickte. Sie wollten einen beständigen Führer, einen König. Samuel war ein Retter, den Gott geschickt hatte. Er fragte das Volk: Wollt ihr euch wirklich vor einem Menschen beugen, für ihn arbeiten, Steuern bezahlen? Doch die Vertreter der Stämme sagten: Wir wollen sein wie die anderen Völker. Ein König soll uns sagen, was Recht und was Unrecht ist. Ein König soll unser Feldherr sein.

Gott sprach zu Samuel: Höre auf das, was die Männer verlangen. Sie haben nicht dich, sondern mich abgelehnt. Da salbte Samuel im Auftrag Gottes den Saul zum König über Israel. Gott schenkte ihm seinen Geist. Saul hätte ein guter König bleiben können, wenn er selber mit ganzem Herzen Gott vertraut hätte. Aber Saul wollte sich nicht auf einen anderen verlassen, nicht einmal auf Gott. Er traute auch keinem Menschen. Er wurde traurig und verwirrt. Gott war nicht mehr mit Saul. Darum konnte er das Volk Israel nicht mehr führen und verteidigen. (1 Sam 8 - 15)

## 23. David, der Hirt aus Betlehem

David aus Betlehem wurde der zweite, der größte König Israels. Er vertraute Gott, und Gott war mit ihm. Darum kann Gottes Volk den Namen David nicht vergessen. In Israel erzählt man viele Geschichten über David.

David war der jüngste Sohn des Isai. Er hütete die Schafe als Samuel kam, um ihn zum König zu salben. David war ein guter Hirt. Er kannte und liebte seine Schafe und er lief nicht davon, wenn ein Löwe oder ein Bär heranschlich. David war mutig. Er hatte keine Angst vor den Feinden Gottes und seines Volkes. Man erzählt, er sei als Junge zu seinen Brüdern in das Feld-

lager gekommen. Dort habe er erlebt, wie ein mächtig starker Mann, der Riese Goliat, die Israeliten und ihren Gott verspottete. Kein Israelit wollte den Kampf mit Goliat wagen. David aber sagte zu ihm: Du wirst erfahren, wie stark der Gott Israels ist. Er legte einen Stein in seine Schleuder, wirbelte sie über den Kopf, schoß, und traf den großen Goliat mitten auf die Stirn. Da bekamen die Feinde Angst. Sie wollten nicht mehr gegen Israel kämpfen. Sie liefen davon.

David konnte Lieder singen und die Harfe spielen. Im Buch der Psalmen, dem Gesangbuch des Volkes Gottes, stehen hundertfünfzig Lieder wie David sie sang. Eine Zeitlang lebte David bei König Saul. Wenn Saul traurig wurde, spielte David auf der Harfe. Dann wurde Saul wieder froh. Weil Gott mit David war, konnte David die Feinde besiegen. Darum machte Saul ihn zum Heerführer. Doch weil David siegte, und das Volk ihm zujubelte, wurde Saul eifersüchtig. Er wollte David aus dem Weg räumen. Jahrelang mußte sich David mit einer Gruppe von Freunden vor Saul verstecken.

Als die Philister wieder einmal gegen Israel in den Krieg zogen, konnte Sauls Heer ihnen nicht standhalten. Auf dem Gebirge von Gilboa starben die drei Söhne Sauls. Saul selber war schwer verletzt. Er stürzte sich in sein eigenes Schwert. (1 Sam 16 - 31)

## 24. David, König in Jerusalem

Nach dem Tod Sauls wurde David König über ganz Israel. Er eroberte Jerusalem und machte es zur Hauptstadt. Die heilige Lade mit den Tafeln, auf denen die Bundesgebote standen, ließ er nach Jerusalem bringen. Er wollte, daß Jerusalem die Stadt Gottes werde.

David vertraute Gott. Er wollte den Bund halten. Wenn er Böses getan hatte, bekannte er seine Schuld und bat Gott um Vergebung. Eines Tages ließ David den Natan holen. Natan war ein Mann, den Gott zu seinem Sprecher bestimmt hatte, ein Prophet. David sagte zu Natan: Ich wohne in einem prächtigen Palast. Die heilige Lade aber steht immer noch in einem Zelt. Ich will ein Haus für Gott bauen.

Am nächsten Tag kam Natan zu David zurück und sagte: Gott will nicht, daß du ihm ein Haus baust. Im Gegenteil, er will dir ein Haus bauen: ein lebendiges Haus. Wenn du stirbst, soll dein Sohn über Gottes Volk herrschen. Dies Wort gilt für immer. Darum glaubt das Volk Gottes, daß der große Retter, der Messias, den Gott den Menschen versprochen hat, aus Davids Familie stammen wird. (2 Sam 7)

## 25. Ein Lied Davids

Herr, du bist mein Hirte,
darum fehlt mir nichts.
Du führst mich auf grüne Weiden
und an den Rastplatz am Wasser.
Du zeigst mir sichere Wege.
Auch wenn ich durch die finstere
Schlucht gehen muß,
ich habe keine Angst,
du bist ja bei mir. (Ps 23)

## 26. Salomo baut Gott ein Haus

König David starb und wurde in Jerusalem begraben. Sein Sohn Salomo regierte über Israel.

Salomo war ein weiser König. Er wußte, was recht und was unrecht ist. In Jerusalem baute er sich einen Palast und er baute ein Haus für Gott: den Tempel. Dorthin ließ er die heilige Lade bringen. Am Tag der Tempelweihe betete Salomo: Herr, mein Gott! Du hast versprochen, daß du uns in diesem Tempel nah sein willst. Höre mein Gebet. Höre alle, die in diesem Haus zu dir rufen. Erhöre uns und vergib uns unsere Schuld.

Salomo brauchte keine Kriege zu führen wie sein Vater David. Er schloß Verträge mit anderen Völkern.

Er trieb Handel und schickte Schiffe über das Meer. Er holte fremde Handwerker in sein Land und heiratete fremde Frauen. Die Fremden, die Salomo ins Land holen ließ, wollten ihren eigenen Göttern dienen. Salomo ließ es zu, daß sie im Land Israel Altäre für ihre Götter bauten. Salomo betete zu den Göttern der Fremden und verehrte sie. So verriet er den einzigen Gott. Er brach den Bund. (1 Kön 5 - 11)

## 27. Sprichwörter Salomos

Ein williges Kind macht seinen Eltern Freude; ein Trotzkopf macht ihnen Kummer. (10,1)

Haß führt zu Streit; Liebe schafft Eintracht. (10, 12)

Wer anderen hilft, dem wird geholfen. Wer Durstenden zu trinken gibt, wird nicht verdursten. (11,25)

Wer gerade Wege geht, rechnet mit Gott; wer krumme Wege geht, verachtet ihn. (14,2)

Wer den Nächsten verachtet, sündigt; selig ist, wer sich des Notleidenden erbarmt. (14,21)

Wer das Schreien des Armen nicht hören will, den wird niemand hören, wenn er um Hilfe ruft. (21,13)

### 28. Zwei Könige in einem Volk

Nach Salomos Tod wollte sein Sohn Rehabeam in Jerusalem König werden. Erfahrene Männer gaben ihm einen Rat: Dein Vater Salomo hat von den Bauern viele Abgaben und von den Händlern hohe Steuern verlangt. Wenn du weniger forderst, werden alle Israeliten dich als König anerkennen.

Doch Rehabeam hörte nicht auf den Rat der erfahrenen Männer. Darum sagten die zehn Stammesgruppen, die im Norden des Landes lebten: Wir brauchen keinen König aus Davids Haus. Wir wählen einen eigenen König. Nur die Stammesgruppe, die sich nach dem Jakobssohn Juda nannte und in der Nähe Jerusalems wohnte, blieb dem Rehabeam treu. Von da an herrschte nicht nur in Jerusalem ein König, sondern auch in Sichem oder Samaria. (1 Kön 12)

### 29. Der lebendige Gott

Jerobeam, der erste König über die Nordstämme, sagte sich: Es ist nicht gut, wenn die Bürger aus meinem Reich zum Tempel nach Jerusalem gehen müssen, wenn sie Gottesdienst feiern oder ein Opfer darbringen wollen. Darum ließ er zwei goldene Stierbilder machen. Das eine ließ er im Norden seines Reiches in der Stadt Dan aufstellen, das andere im Süden in der Stadt Bet-El. Dann ließ er überall im Volk bekanntmachen: Ihr braucht nicht mehr nach Jerusalem zu ziehen, wenn ihr ein Fest feiern oder ein Opfer darbringen wollt. Ihr findet Gott in Dan und in Bet-El. Denselben Gott, der eure Väter aus Ägypten geführt hat.

Nicht alle Israeliten hörten auf Jerobeam, denn sie erinnerten sich, daß Gott den Menschen verboten hatte, sich Gottesbilder zu machen, wie die Ägypter es taten. Sie wußten, daß sie den Bund mit Gott brachen, wenn sie den lebendigen Gott gegen ein totes Bild vertauschten. (1 Kön 12; Ex 32-34)

## 30. Der mächtige Gott

Oft vergassen die Könige Israels Gott und seinen Bund. Gott aber hielt den Bund. Er schickte den Königen und dem Volk Männer, die in seinem Namen sprechen: die Propheten.

König Ahab war einer, der zum Gott Baal betete. Elija war ein Prophet Gottes. Er ging zu König Ahab und sagte: Ich diene dem Gott Israels. Er ist der mächtige Gott. Du wirst seine Macht erfahren und mit dir das ganze Land, denn von heute an fällt kein Tau mehr vom Himmel und auch kein Regen. Die Dürre dauert so lange, bis ich es sage.

Elija fürchtete den Zorn des Königs. Er floh über die Grenze nach Phönizien. Dort lebte er bei einer armen Frau. Sie war Witwe und hatte einen einzigen Sohn. Ihr Sohn wurde krank und starb. Da klagte die Frau den Elija an: Du bist ein Freund Gottes. Du wohnst bei mir. Darum schaut Gott auf mich. Er sieht meine Sünde und straft mich. Elija nahm das tote Kind und legte es auf sein Bett. Dann beugte er sich über den Jungen und betete: Herr, mein Gott, gib diesem Kind das Leben zurück. Gott hörte das Gebet seines Propheten. Das Kind wurde lebendig. Elija nahm den Jungen an der Hand und brachte ihn zu seiner Mutter. (1 Kön 17)

## 31. Der einzige Gott

Nach zwei Jahren schickte Gott den Elija wieder zum König Ahab. Dieser klagte den Propheten an: Deinetwegen hat das ganze Volk Israel nichts zu essen! Doch Elija antwortete ihm: Nicht ich, sondern du und deine Familie, ihr seid schuld an der großen Dürre. Ihr habt unseren Gott verlassen und seid dem Baal

nachgelaufen. Nun ruf alle auf dem Berg Karmel zusammen. Dort wird sich entscheiden, wer der einzige Gott ist. König Ahab rief alle zusammen. Nicht nur die Propheten und die Priester des Baal kamen auf den Berg Karmel, sondern auch viele Israeliten.

Elija sagte: Baut einen Altar, legt ein Opfertier darauf. Dann betet zu eurem Gott. Vielleicht schickt er Feuer vom Himmel und nimmt euer Opfer an. Die Priester und Propheten des Baal bauten den Altar und legten das Opfer darauf. Vom frühen Morgen bis zum Mittag beteten sie. Von Mittag bis Abend riefen sie: Baal, erhöre uns! Doch sie riefen vergebens. Nichts geschah.

Am Abend baute Elija einen Altar für Israels Gott. Er legte das Opfer auf den Altar und goß Wasser darüber. Dann betete er: Herr, du bist der Gott des Abraham, der Gott des Isaak und der Gott des Jakob. Zeige allen, daß du der Gott Israels bist und daß ich dein Diener bin. Erhöre mich, Herr! Erhöre mich! Da fiel Feuer vom Himmel. Das Opfer verbrannte. Alle, die dabei waren, erschraken. Sie riefen: Der Herr ist Gott! Der Herr ist Gott! Bald danach zogen Wolken auf. Regen fiel auf das dürre Land. (1 Kön 18)

## 32. Gott ruft Elija zu sich

Elija merkte, daß Gott ihn zu sich holen wollte. Er ging in das Gebiet jenseits des Jordan. Er wollte allein sein. Doch Elischa, sein Schüler, wollte ihn nicht allein lassen. Er ging mit Elija. Elischa sah, wie Feuer vom Himmel kam, ein gewaltiger Sturm. Der erfaßte den Elija und riß ihn wie in einem Wagen empor.

Als Elischa allein über den Jordan zurückkehrte, traf er fünfzig Propheten-Jünger. Sie fragten: Wo ist Elija geblieben? Wir wollen ihn suchen! Ihr werdet ihn nicht finden, antwortete Elischa. Drei Tage lang suchten sie Elija, doch sie fanden ihn nicht. Sie kamen zurück und sagten: Gott hat den Propheten in einem feurigen Wagen zu sich geholt. Seitdem glaubt man im Volk Israel, daß Gott am Ende der Zeit seinen Boten Elija wieder auf die Erde schicken wird. (2 Kön 2)

## 33. Hungrige werden satt

Ein Mann kam zum Propheten Elischa und brachte ihm zwanzig Gerstenbrote und einen Beutel voll Körner. Elischa sagte zu seinem Diener: Teile aus, damit alle essen können. Der Diener antwortete: Wie sollen hundert Männer davon satt werden? Doch Elischa sagte noch einmal: Gib den Männern zu essen. Du wirst sehen, daß noch übrig bleibt. Da teilte der Diener aus. Als alle gegessen hatten, blieben Reste. So, wie der Herr es durch Elischa gesagt hatte. (2 Kön 4,42ff)

## 34. Gottes Zeichen für sein Volk

In der Zeit, als Ahas König in Jerusalem war, erklärten ihm zwei Könige den Krieg. Sie belagerten Jerusalem mit ihren Soldaten. Da zitterte das Herz des Königs und auch das Herz des Volkes zitterte -

wie Bäume im Wald zittern, wenn der Sturm über sie kommt.

König Ahas ging zur Wasserleitung, um sie zu prüfen. Dorthin kam auch der Prophet Jesaja. Er bestellte dem König eine Botschaft von Gott: Bleib ruhig, fürchte dich nicht. Die beiden planen Böses gegen dich. Halte du dich an Gott, dann wird er dich halten. Jesaja sagte: Gott will dir ein Zeichen geben, damit du seiner Hilfe sicher bist: Jedes Zeichen, das du erbittest. Doch Ahas lehnte das Angebot ab: Ich will Gott nicht um ein Zeichen bitten. Da sagte Jesaja: Gott wird dennoch ein Zeichen geben: Sieh, die Jungfrau wird ein Kind empfangen. Sie wird einen Sohn gebären und sie wird ihm den Namen Immanuel geben. Das bedeutet: Gott ist mit uns. (Jes 7)

## 35. Der Prophet Amos klagt an

Der Herr sagt: Wegen der drei Vergehen, die Juda beging, wegen der vier nehme ich es nicht zurück: Sie haben mein Wort verachtet und meine Gebote nicht befolgt. Sie ließen sich von Götzen in die Irre führen - ganz wie ihre Väter. Darum schicke ich Feuer gegen Juda; Jerusalems Paläste verbrennen.

Der Herr sagt: Wegen der drei Verbrechen, die Israel beging, wegen der vier nehme ich es nicht zurück: Sie haben den Unschuldigen für Geld verkauft. Sie haben die Kleinen in den Staub getreten, sie haben den Schwachen um sein Recht betrogen.

Darum lasse ich den Boden unter euch schwanken wie ein Erntewagen unter der Last der Garben schwankt. Selbst der schnellste kann nicht entfliehen, die Kraft des Stärksten versagt; der Mutigste verliert den Mut. (Am 2)

## 36. Jeremia warnt vor der Strafe Gottes

Das Volk, das im Bund mit Gott lebte, war nicht groß. Seine Truppen konnten es mit den Armeen der mächtigen Völker nicht aufnehmen. Sie konnten den Assyrern nicht standhalten, die das Land besetzten und viele aus der Heimat in fremde Länder vertrieben. Glaubende erkannten in diesem Geschick die Strafe Gottes, wie er sie durch seine Propheten angedroht hatte.

In Jerusalem warnte Jeremia: Dreiundzwanzig Jahre schon bin ich Gottes Prophet. All seine Worte habe ich euch weitergesagt. Ihr aber hört nicht zu. Ich sagte: Kehrt um von euren verkehrten Wegen. Hört auf, das Böse zu tun. Dann werdet ihr in dem Land bleiben, das Gott euren Vätern und euch für immer gegeben hat. Aber ihr habt nicht auf mich gehört. Darum spricht der Herr: Ich lasse Völker aus dem Norden kommen. Ich mache Nebukadnezzar, den König von Babel, zu meinem Werkzeug. Ich lasse ihn über euch und eure Nachbarn herfallen. Er wird euer Land verwüsten. Ihr müßt dem König von Babel dienen.

Und es kam so: Nebukadnezzar belagerte mit seiner Armee die Stadt Jerusalem. Bald gab es kein Brot mehr zu kaufen. Die Not wurde groß. Dann schlugen die Babylonier Breschen in die Mauern. Sie drangen in die Stadt ein, verbrannten den Tempel, den Königspalast und die großen Häuser. Die Mauern Jerusalems wurden eingerissen. Die heiligen Geräte des Tempels nahmen die Babylonier als Beute. Alle angesehenen Bürger, auch die Handwerker, mußten nach Babel in die Verbannung ziehen. Nur arme Leute, Bauern und Winzer, durften in ihrer Heimat bleiben. (Jer 25; 52)

## 37. Gott will seinem Volk vergeben

Gott sprach durch den Propheten Ezechiel zu seinem Volk: Weil ihr mir die Treue gebrochen habt, weil ihr mein Wort nicht gehört, meine Gebote übertreten habt - darum habt ihr euer Land verloren und müßt in der Verbannung leben. Die Babylonier aber sagen: Das ist doch Gottes Volk? Warum haben sie ihr

Land verloren? Sie spotten über euch und über mich. Doch sie werden erkennen, daß ich der Herr bin. Ich werde euch sammeln und in euer Land zurückführen. Ich werde euch zu neuen Menschen machen; Menschen, die mir dienen. Das Herz aus Stein nehme ich aus eurer Brust, ich gebe euch ein menschliches Herz. Ich schenke euch meinen Geist, damit ihr meine Gebote achtet und sie erfüllt. Ihr werdet in dem Land leben, das ich euren Vorvätern gab. Ihr werdet mein Volk sein und ich euer Gott. (Ez 36,20-28)

## 38. Heimkehr aus Babylonien

Die Verbannten aus Juda und Jerusalem mußten rund vierzig Jahre in Babel bleiben. Dann eroberte der Perserkönig Kyrus Babylonien. Er ließ in seinem ganzen Reich bekanntmachen: Der Herr, der Gott des Himmels, hat mir Macht gegeben über alle Königreiche der Erde. Er hat mir aufgetragen, sein Haus in Jerusalem wieder aufzubauen. Jeder, der zu Gottes Volk gehört, soll nach Jerusalem zurückkehren. Dort sollen sie den Tempel wieder aufbauen.

Da brachen sie auf: Alle, die sich durch Gottes Geist bewegen ließen. Ihre Nachbarn gaben ihnen Gold und Silber, Vieh und andere Geschenke mit. König Kyrus ließ die heiligen Geräte holen, die Nebukadnezzar aus dem Tempel geraubt und nach Babel gebracht hatte. (Esra 1)

### 39. Ein Lied der Heimkehrer

Als der Herr unsere Gefangenschaft endete,
uns heimführte nach Jerusalem,
da waren wir alle wie Träumende.
Unser Mund war voll Lachen,
wir konnten nur jubeln.
Damals sagten die anderen Völker:
Der Herr hat Großes an ihnen getan!
Ja, Großes hat der Herr an uns getan,
fröhlich sind wir geworden. (Ps 126)

## WARTEN AUF DEN MESSIAS

### 40. Das jüdische Volk

Die Familien, die aus der babylonischen Fremde zurückkehrten, waren im Gebiet des Stammes Juda, in und um Jerusalem, daheim. Sie wurden der Kern des Volkes der Juden. Sie wollten leben, wie ihre Väter gelebt hatten. Doch nichts mehr war wie früher. Die Babylonier hatten Fremde in und um Jerusalem angesiedelt. Die lebten nach ihren eigenen Sitten und dienten ihren Göttern.

Die Mauer, die Jerusalem geschützt hatte, war niedergerissen. Der Tempel, den Salomo gebaut hatte, war ein Trümmerhaufen. Die Juden bauten ihre Häuser und die Mauer um Jerusalem wieder auf. Im zweiten Jahr nach der Rückkehr legten sie den Grundstein für den zweiten Tempel.

Die Juden lebten wieder in ihrem Land. Doch ihr

Land gehörte zu den großen Reichen fremder Könige. Die schickten ihre Soldaten, ihre Steuerbeamten und Statthalter nach Jerusalem. Es gab Zeiten, in denen die Fremden versuchten, die Juden vom Glauben Abrahams abzubringen. Zeiten, in denen ein fremder König alle, die zu seinem Reich gehörten, zwingen wollte, nach seiner Art zu leben und zu glauben, seinen Göttern zu dienen.

In diesen Jahrhunderten sammelten die Priester in Jerusalem die heiligen Überlieferungen. In dieser Zeit hielten sich die Frommen an die Gesetze und Weisungen. Sie lernten Gott und seinen Bund neu verstehen. Sie hofften auf den König, den Befreier, den Gott seinem Volk versprochen hatte. Sie wurden verfolgt und gefoltert. Doch selbst im Tod bekannten sie ihren Glauben an den lebendigen Gott, der die Seinen durch den Tod hindurchretten kann. (Esra, Neh, Makk)

## 41. Ijob fordert eine Antwort von Gott

Ijob war ein frommer Mann. Er vertraute Gott und mißtraute dem Bösen. Ijob war ein reicher Mann. Er hatte sieben Söhne, drei Töchter, viele Schafe und Kamele, Ochsen und Eselinnen. Für Ijob war es nicht schwer, sich an Gott zu halten, der ihm all das gegeben hatte.

Doch Gott stellte Ijob auf die Probe. Räuberbanden überfielen Ijobs Herden. Sie schlugen die Hirten tot und stahlen die Tiere. Ijob ließ sich nicht irremachen. Er vertraute Gott. Bald traf ihn ein zweites Unheil. Als seine Söhne und Töchter gemeinsam am Tisch saßen, kam ein Wirbelsturm über das Haus. Ijobs Töchter und Söhne wurden von den Trümmern erschlagen. Als Ijob das Unglück erfuhr, sagte er: Ich war nackt, als ich auf die Erde kam. Ich werde nackt sein, wenn ich sterbe. Der Herr gibt, er nimmt. Ich preise ihn.

Doch Ijob traf noch schlimmeres Leid. Er wurde aussätzig. Sein ganzer Leib war mit Geschwüren bedeckt. Der reiche Ijob saß auf einem Aschenhaufen. Er kratzte sich mit einer Scherbe. Ijobs Frau kam zu ihrem Mann und sagte: Das hast du nun von deinem Gottvertrauen! Verfluche Gott und stirb. Doch Ijob antwortete ihr: Du redest wie eine, die Gott nicht kennt. Wenn wir das Gute, das er uns schickt, annehmen, müssen wir dann nicht auch das Böse aus seiner Hand annehmen?

Ijob hatte drei Freunde. Als sie von seinem Unglück hörten, kamen sie zu ihm. Sie wollten ihn trösten. Doch als sie ihn in seinem Unglück sahen, fingen sie an zu weinen. Sie setzten sich zu ihm. Sieben Tage und sieben Nächte lang. Keiner sagte ein einziges Wort, denn sie sahen, daß Ijobs Schmerz groß war. Dann begann Ijob mit Gott zu reden und zu rechten. Er klagte sein Leid und er klagte Gott an, der ihm, dem Unschuldigen, soviel Unglück geschickt hatte.

Ijobs Freunde erschraken. Sie wollten Gott verteidigen und sagten: Wie kannst du Gott anklagen? Jeder weiß, daß er gerecht ist. Er lohnt das Gute und straft das Böse. Er hätte dir dieses Leid nicht geschickt, wenn du nicht Strafe verdient hättest. Doch Ijob war seiner Sache sicher. Er forderte von Gott, daß er ihm erkläre, womit er, der fromme Mann, solches Leid verdient habe.

Die Freunde hielten lange Reden, um Ijob zu überzeugen, daß er Unrecht habe, denn Gott könne nicht ungerecht sein. Ijob aber gab nicht auf. Er wollte verstehen, warum Gott Treue mit Bösem lohnt. Gott sprach zu Ijob aus dem Wettersturm. Er fragte: Wer bist du, daß du mich zur Rechenschaft ziehst? Warum sprichst du von Dingen, die du nicht verstehen kannst? Wo warst du, als ich die Erde gründete? Hast du das Land vom Meer getrennt? Hast du dem Tag und der Nacht ihre Zeit zubestimmt? Läßt du die Gestirne am Himmel aufgehen? Gibst du den Tieren zu essen? Ijob hörte die Fragen. Er wußte keine Antwort. Und er erkannte, daß Gott unfaßbar groß ist. So groß, daß man ihm vertrauen kann, auch wenn man seine Pläne nicht versteht.

Ijob antwortete dem Herrn: Jetzt weiß ich, daß du alles kannst. Was du auch planst, du kannst es vollbringen. Im Unverstand habe ich Rechenschaft von dir gefordert. Deine Pläne sind wunderbar. Ich kann sie nicht begreifen. Bisher habe ich dich nur vom Hörensagen gekannt. Jetzt aber hat mein Auge dich geschaut. Darum widerrufe ich und vertraue mich dir an. (Ijob)

## 42. Jona lernt Gott kennen

Gott sprach zu seinem Propheten Jona: Mach dich auf den Weg. Geh nach Ninive, in die Hauptstadt des Assyrerreiches und sag allen, die dort wohnen, daß mein Strafgericht über sie hereinbrechen wird. Jona aber wollte nicht nach Ninive gehen. Er floh auf ein Schiff, das weit fort fahren sollte. Er wollte fort, weit weg von Gott.

Der Herr aber schickte einen Sturm auf das Meer. Der schüttelte das Schiff hin und her. Alle bekamen Angst. Jeder betete zu seinem Gott. Jona aber schlief unten im Schiff. Der Kapitän weckte Jona: Wie kannst du schlafen? Steh auf! Bitte deinen Gott, vielleicht rettet er uns. Die Matrosen sagten zueinander: Wir wollen das Los werfen und so herausbekommen, wer an diesem Unglück schuld ist. Das Los fiel auf Jona. Und Jona sagte: Werft mich ins Meer, dann seid ihr gerettet. Meinetwegen ist ja dieser Sturm über euch gekommen. Die Matrosen ruderten mit aller Kraft. Doch sie merkten, daß sie gegen den Sturm nicht ankamen. Da beteten sie: Herr, rechne uns das, was wir jetzt tun, nicht als ein Vergehen an einem Unschuldigen an. Dann nahmen sie Jona und warfen ihn ins Meer. Sogleich wurde das Meer ruhig.

Der Herr aber schickte einen großen Fisch. Der verschlang den Jona. Drei Tage und drei Nächte war Jona im Bauch des Fisches. Dort betete er zum Herrn, seinem Gott. Der Fisch schwamm ans Ufer und spie den Jona aus. Noch einmal befahl ihm Gott: Geh nach Ninive, in die große Stadt. Verkünde dort alles, was ich dir sagen werde. Jona ging nach Ninive. Er rief: Noch vierzig Tage, und Ninive wird zerstört werden.

Die Leute in Ninive hörten auf Jona. Sie glaubten Gott. Sie begannen ein großes Fasten und zogen Bußkleider an. Alle: die Großen und die Kleinen, die Reichen und die Armen, das ganze Volk. Gott sah die Umkehr der Bewohner von Ninive. Er nahm seine Drohung zurück. Jona aber war unzufrieden und zornig. Er betete: Ach, Herr, ich wollte nicht nach Ninive. Ich wußte ja, daß du die Menschen liebst und ihnen vergibst. Ich wäre lieber tot, als das zu erleben!

Jona verließ die Stadt in Richtung Osten. Er setzte sich und wartete, was geschehen würde. Gott aber ließ einen Rizinusstrauch aufschießen, der Jona Schatten geben sollte. Jona freute sich an dem Strauch. Doch in der Nacht nagte ein Wurm an den Wurzeln, so daß der Strauch verdorrte. Die Sonne brannte heiß. Jona konnte die Hitze nicht aushalten. Er sagte: Wäre ich doch tot. Gott aber fragte den Jona: Dir ist es leid um einen Rizinusstrauch, der in einer Nacht gewachsen ist und in einer Nacht verdor-

rte. Und mir sollte die große Stadt Ninive mit ihren vielen Kindern und vielen Tieren nicht leid tun? (Jona)

## 43. Gottes Herrschaft

Der Prophet Daniel beschreibt, was Gott ihn schauen ließ: Thronsessel wurden aufgestellt. Ein Hochbetagter ließ sich nieder. Sein Gewand war weiß wie Schnee, sein Haar so weiß wie reine Wolle, sein Thron aus Feuerflammen, die Räder lodernde Glut. Ein Feuerstrom ging von ihm aus. Tausendmal Tausende dienten ihm. Zehntausendmal Zehntausende standen vor ihm.

Und siehe, auf den Wolken des Himmels kam einer wie ein Menschensohn. Er nahte sich dem Hochbetagten, man führte ihn heran. Der Hochbetagte gab ihm Macht, Ehre und Herrschaft. Die Völker alle, Menschen aller Sprachen und Rassen dienten ihm. Seine

Herrschaft ist ewige Herrschaft, die nie vergeht. Sein Reich ist unzerstörbar. (Dan 7,9-14)

## 44. Ein Lied vom Gottesknecht

Ein Prophet singt Lieder vom Knecht, der in allem Gottes Willen tut. Durch ihn, den Gehorsamen, kommt Gottes Gerechtigkeit und sein Heil auf die Erde:

Seht, das ist mein Knecht, ich halte ihn. Das ist mein Erwählter, ich liebe ihn. Ihm habe ich meinen Geist gegeben, er verkündet den Völkern die Wahrheit. Er schreit nicht, er lärmt nicht, er läßt seine Stimme nicht auf der Straße erschallen. Das geknickte Schilfrohr zerbricht er nicht, den glimmenden Docht löscht er nicht aus. In Treue bringt er das Recht. Er wird nicht müde, er bricht nicht zusammen, bis er auf der Erde mein Recht durchgesetzt hat. Die fernsten Inseln warten auf seine Weisung. (Jes 42,1-4)

## 45. Gottes neue Welt

So spricht der Herr: Ich mache alles neu: einen neuen Himmel und eine neue Erde. Was früher war, wird vergessen sein. Ihr werdet euch freuen und jubeln über das, was ich erschaffe. Nie mehr wird man weinen und nie mehr klagen. Es wird kein Kind mehr geboren, das nur ein paar Tage lebt. Kein Mensch stirbt mitten im Leben. Sie sollen alt wie Bäume werden. Was sie erarbeitet haben, wird ihnen niemand nehmen. Schon eh sie mich bitten, gebe ich Antwort. Solang sie noch reden, erhöre ich sie. Dann werden Wolf und Lamm auf einer Weide sein. Der Löwe frißt Stroh wie das Rind. Keiner tut Böses, keiner wirkt Unheil. (Jes 65,17-25)

# AUS DEN BÜCHERN DES NEUEN TESTAMENTS

## GOTT HÄLT WORT: JESUS IST DER MESSIAS

### 46. Er ist der Sohn des Höchsten

Gott schickte den Engel Gabriel als seinen Boten nach Nazaret zu einer Jungfrau namens Maria. Sie war verlobt mit Josef, einem Mann aus der Familie des Königs David. Gabriel kam zu Maria und sagte: Freue dich, Maria! Gott ist mit dir. Er hat dich erwählt. Maria erschrak und überlegte, was diese Worte wohl bedeuten mochten. Doch Gabriel sagte: Fürchte dich nicht, Maria, denn du hast Gnade gefunden bei Gott. Gott hat dich lieb. Du wirst ein Kind empfangen; einen Sohn wirst du gebären. Du sollst ihm den Namen Jesus geben. Er wird groß sein und Sohn des Höchsten genannt werden.

Maria fragte: Wie soll das geschehen, da ich keinen Mann erkenne? Gabriel antwortete ihr: Heiliger Geist, die Kraft des Höchsten wird über dich kommen. Für Gott ist nichts unmöglich. Da sagte Maria: Ich bin die Magd des Herrn. Was Gott will, soll mir geschehen. (Lk 1,27-38)

## 47. Er heißt Immanuel - Gott ist mit uns

Josef war ein gerechter und frommer Mann. Er merkte, daß seine Verlobte Maria ein Kind erwartete. Weil er sie lieb hatte und ihr nicht unrecht tun wollte, überlegte er, ob er sich ohne Aufsehen von ihr trennen sollte. Doch in der Nacht sah er einen Boten Gottes, einen Engel. Der sagte zu ihm: Josef, Sohn Davids, fürchte dich nicht. Nimm Maria zu dir. Das Kind, das sie erwartet, kommt von Gottes Geist. Sie wird einen Sohn haben und du sollst ihm den Namen Jesus geben. Denn er wird das Volk mit Gott versöhnen. So erfüllte sich, was der Prophet Jesaja gesagt hatte: Sieh, die Jungfrau wird empfangen. Sie wird einen Sohn gebären; dem wird man den Namen Immanuel geben. Das bedeutet: Gott ist mit uns. (Mt 1)

## 48. Er wird in Betlehem geboren

In jener Zeit herrschte Kaiser Augustus in Rom. Er befahl: Alle Menschen, die in meinem Reich leben, sollen sich in Listen eintragen lassen. Jeder in dem Ort, aus dem seine Familie stammt. Darum zog Josef mit Maria von Nazaret nach Betlehem, die Heimatstadt der Familie Davids. Dort gebar Maria ihren

Sohn, den Erstgeborenen. Sie wickelte ihn in Windeln und legte ihn in einen Futtertrog. In der Herberge hatten sie keinen Platz gefunden.

Nahe bei Betlehem waren Hirten bei ihren Herden. Zu ihnen kam Gottes Bote. Sein Lichtglanz umstrahlte sie. Die Hirten fürchteten sich sehr. Doch der Engel sagte: Fürchtet euch nicht. Ich verkünde euch und dem ganzen Volk eine große Freude: Heute wurde in der Stadt Davids der Retter geboren; er ist der Herr. Ihr werdet ihn erkennen: Ein Kind, in Windeln gewickelt, das in einem Futtertrog liegt.

Plötzlich waren viele Engel auf dem Feld. Sie lobten Gott und riefen: Im Himmel singt man Jubellieder für Gott und auf der Erde haben die Menschen Frieden, weil Gott sie liebt. Dann waren die Hirten wieder allein. Sie sagten zueinander: Kommt, wir wollen nach Betlehem gehen und sehen, was dort geschehen ist. Sie eilten hin und fanden Maria, Josef und das Kind, das in dem Futtertrog lag. Sie sahen und erzählten, was Gott ihnen über dieses Kind ge-

sagt hatte. Alle, die es hörten, staunten. Maria aber bewahrte alles, was geschah, in ihrem Herzen und dachte darüber nach.

Die Hirten kehrten zu ihren Herden zurück. Sie sangen Loblieder und dankten Gott für alles, was sie gehört und gesehen hatten. Als das Kind acht Tage alt war, gab man ihm den Namen, den Gabriel gesagt hatte: Jesus - das heißt: Gott rettet. (Lk 2,1-21)

## 49. Er ist der König der Juden

In der Zeit, da Jesus geboren wurde, regierte Herodes als König in Jerusalem. Damals kamen weise Männer aus dem Osten nach Jerusalem. Sie fragten: Wo ist der neugeborene König der Juden? Wir haben beobachtet, wie sein Stern aufging. Nun sind wir gekommen, um ihm zu huldigen.

Als König Herodes das hörte, erschrak er. Mit ihm erschraken alle, die in Jerusalem lebten. Herodes ließ die Priester kommen und die Lehrer, die sich in den Heiligen Schriften auskennen. Er fragte sie: Wo wird der Messias, der Retter, geboren werden? Sie antworteten ihm: Er wird in Betlehem geboren. So sagt es der Prophet Micha: Du Betlehem im Land Juda bist eine bedeutende Fürstenstadt; denn in dir wird der geboren, der das Volk Israel führen und leiten soll.

Herodes schickte die weisen Männer nach Betlehem: Geht, sucht das Kind! Wenn ihr es gefunden habt, sagt mir Bescheid, damit auch ich hingehen und ihm huldigen kann. Als die Weisen sich auf den Weg machten, zog der Stern, den sie im Osten gesehen hatten, vor ihnen her. Über dem Haus, in dem Jesus war, blieb er stehen. Da freuten sie sich aus ganzem Herzen. Sie gingen in das Haus, fanden Maria und das Kind, neigten sich tief vor ihm und huldigten ihm. Dann brachten sie ihm ihre Gaben: Gold, Weihrauch und Myrrhe. In der Nacht aber befahl ihnen Gott, sie sollten nicht zu Herodes zurückkehren. Darum zogen sie auf einem anderen Weg in ihre Heimat. (Mt 2,1-12)

## 50. Er wird verfolgt

In der Nacht befahl Gott dem Josef in einem Traum: Steh auf! Nimm das Kind und seine Mutter. Zieht nach Ägypten und bleibt dort, bis ich dir etwas anderes sage. Herodes will das Kind suchen lassen und umbringen. Gleich in der Nacht stand Josef auf, er floh mit Maria und dem Kind Jesus nach Ägypten. Herodes aber merkte, daß die weisen Männer nicht nach Jerusalem zurückkamen. Er wurde zornig und befahl: In Betlehem und in der Umgebung der Stadt sollen alle Knaben, die noch nicht zwei Jahre alt sind, umgebracht werden. Nachdem Herodes gestorben war, sagte ein Engel Gottes in einem Traum zu Josef: Steh auf! Nimm das Kind und seine Mutter. Kehrt zurück in das Land Israel. Josef stand auf. Er zog mit Maria und dem Kind Jesus zurück in das Land Israel. Sie ließen sich in Nazaret nieder. (Mt 2,13-23)

## 51. Er gehört zu Gott

Die Eltern Jesu pilgerten jedes Jahr zum Paschafest nach Jerusalem. Als Jesus zwölf Jahre alt war,

nahmen sie ihn mit. Nach den Festtagen machten sie sich auf den Heimweg. Jesus aber blieb in Jerusalem. Seine Eltern merkten es nicht. Am Abend suchten sie ihn bei Verwandten und Freunden. Als sie ihn nicht fanden, gingen sie zurück nach Jerusalem. Sie suchten ihren Sohn in der ganzen Stadt. Am dritten Tag erst fanden sie ihn im Tempel. Jesus saß bei den Lehrern der Heiligen Schrift. Er hörte ihnen zu und stellte Fragen. Alle staunten über die Art, wie er fragte und antwortete.

Als seine Eltern ihn sahen, waren sie betroffen. Seine Mutter sagte zu ihm: Kind warum hast du das getan? Dein Vater und ich haben dich voller Angst gesucht. Jesus antwortete ihnen: Warum habt ihr mich gesucht? Wußtet ihr denn nicht, daß ich in das Haus meines Vaters gehöre? Dann ging Jesus mit ihnen nach Nazaret zurück und gehorchte ihnen. (Lk 2,41-52)

## 52. Das Bekenntnis des Täufers

Johannes, der Sohn des Priesters Zacharias und seiner Frau Elisabet, lebte in der Wüste. Als Gott ihn als seinen Boten berief, ging er in die Gegend am Fluß Jordan und sagte den Leuten: Kehrt um! Ändert euer Leben! Laßt euch im Jordan taufen, damit Gott euch eure Schuld vergibt. Es war, wie im Buch des Propheten Jesaja steht:

Eine Stimme ruft in der Wüste: Bahnt für den Herrn einen Weg, baut eine ebene Straße für Gott. Jedes Tal soll sich heben, jeder Berg und Hügel sich senken. Was krumm ist, soll gerade werden, und was bucklig ist, eben. Und alle Geschöpfe werden das Heil erleben, das Gott schenkt. (Jes 40,3-5)

Viele Menschen kamen zu Johannes an den Jordan. Sie ließen sich taufen und sie fragten: Was sollen wir tun? Johannes sagte: Wer zwei Kleider hat, gebe dem eines, der keines hat. Wer zu essen hat, soll mit dem Hungrigen teilen. Zu den Zöllnern sagte er: Nehmt nicht mehr als festgesetzt ist. Und zu den Soldaten: Raubt nicht, erpreßt niemand, seid mit eurem Sold zufrieden.

Viele meinten, Johannes sei der Messias, der Retter. Doch Johannes sagte zu ihnen: Ich taufe euch nur mit Wasser. Nach mir kommt einer, der ist mächtiger als ich. Ich bin nicht wert, ihm die Sandalen aufzuschnüren. Er wird euch mit heiligem Geist taufen und mit dem Feuer des Gerichts. (Lk 3,1-18)

## 53. Das Zeugnis des Vaters

Als Jesus ungefähr dreißig Jahre alt war, kam er zu Johannes an den Jordan. Er ließ sich taufen wie die anderen. Dann betete er. Da ging der Himmel auf und der Heilige Geist kam auf Jesus herab - wie eine Taube niederschwebt. Vom Himmel her sprach eine Stimme: Du bist mein geliebter Sohn. An dir habe ich Gefallen gefunden. (Lk 3,21-23)

# JESUS LEHRT UND HEILT: ÄNDERT EUER LEBEN

## 54. Die Botschaft Jesu

Jesus kam nach Galiläa. Er verkündete das Evangelium Gottes und sagte: Die Zeit ist erfüllt. Jetzt beginnt Gottes Herrschaft. Kehrt um und glaubt die gute Botschaft, die ich bringe. (Mk 1,14-15)

Als Jesus in seine Heimatstadt Nazaret kam, ging er am Sabbat in das Gebetshaus. Dort las er eine Stelle aus dem Buch des Propheten Jesaja vor: Der Geist Gottes, des Herrn, ruht auf mir, denn er hat mich erwählt. Er hat mich gesandt, den Armen Frohe Botschaft zu verkünden; den Gefangenen zu sagen: ihr seid frei; den Blinden: ihr sollt sehen; den Unterdrückten: ihr seid erlöst; und die Zeit auszurufen, in der Gott gnädig ist.

Jesus erklärte allen, die im Gebetshaus waren: Das Wort, das ihr eben gehört habt, hat sich heute erfüllt. Zuerst waren alle begeistert. Dann aber überlegten sie: Ist das nicht der Sohn Josefs? Jesus sagte zu ihnen: Amen, ich sage euch: Kein Prophet wird in seiner Heimat anerkannt.

Als die Leute im Gebetshaus das hörten, wurden sie wütend. Sie sprangen auf, drängten Jesus aus der Stadt hinaus und wollten ihn von einem Berg hinabstoßen. Doch sie konnten Jesus nichts antun. (Lk 4, 16-30)

## 55. Fischer entscheiden sich für Jesus

Jesus kam an das Ufer des Sees von Galiläa. Dort sah er den Simon, der auch Petrus heißt, und seinen Bruder Andreas. Die beiden warfen gerade ihre Netze aus; sie waren nämlich Fischer. Jesus sagte zu ihnen: Kommt, geht mit mir. Ich mache euch zu Fischern, die Menschen fangen. Sofort ließen die beiden ihre Netze liegen und folgten Jesus.

Kurz darauf sah Jesus den Jakobus, den Sohn des

Zebedäus, und seinen Bruder Johannes. Sie waren mit ihrem Vater im Boot und bereiteten ihre Netze vor. Jesus rief sie. Da ließen sie sogleich das Boot und ihren Vater zurück und folgten ihm. (Mt 4,18-22)

## 56. Ein Lahmer geht

Jesus kam nach Kafarnaum. Bald wußten alle in der Stadt, daß er zu Hause war. Die Leute liefen zusammen, sie drängten sich im Haus und vor der Türe. Jesus sagte ihnen allen, daß Gott sie liebt.

Da kamen vier Männer, die trugen einen Gelähmten. Sie wollten ihren Freund zu Jesus bringen, doch die Menge rückte nicht zur Seite. Sie konnten nicht durchkommen. Die vier stiegen auf das flache Dach. Sie schlugen ein Loch in die Decke, gerade dort, wo Jesus war. Dann ließen sie den Gelähmten auf seiner Trage hinab. Jesus sah, daß diese Männer ihm vertrauten. Er sagte zu dem Gelähmten: Deine Schuld ist dir vergeben.

Einige Schriftgelehrte hörten, was Jesus sagte. Sie

dachten: Wie kann er so reden? Das ist Gotteslästerung! Kein Mensch kann Sünden vergeben. Das kann nur Gott. Jesus wußte, was sie dachten. Er sagte zu ihnen: Worüber denkt ihr nach? Was ist leichter zu sagen: deine Sünden sind dir vergeben, - oder: Gelähmter, steh auf, nimm deine Trage und geh? Ihr sollt erfahren, daß ich in der Vollmacht des Vaters auf Erden Sünden vergeben kann. Und er sagte zu dem Gelähmten: Steh auf! Nimm deine Trage und geh nach Hause! Gleich stand der Mann auf, nahm seine Trage und ging. Alle konnten es sehen. Sie lobten Gott und sagten zueinander: So etwas haben wir noch nie erlebt. (Mk 2,1-12)

## 57. Jesus ruft einen Sünder

Die Zöllner hatten keinen guten Ruf. Oft forderten sie mehr Steuer als vorgeschrieben war. Sie arbeiteten im Auftrag der römischen Besatzung. Darum wollten die Pharisäer nichts mit ihnen zu tun haben.

Eines Tages ging Jesus am See entlang und sah den Zöllner Levi in seinem Zollhaus sitzen. Jesus sagte zu ihm: Komm, folge mir nach. Levi stand auf und ging mit Jesus. Als Jesus in Levis Haus beim Essen war, aßen viele Zöllner und Sünder mit ihm und seinen Jüngern. Die Pharisäer und Schriftgelehrten sahen es und sagten zu den Jüngern: Wie kann er nur mit Sündern essen? Jesus hörte die Frage und antwortete: Nicht die Gesunden brauchen den Arzt, sondern die Kranken. Ich bin nicht gekommen, Gerechte zu rufen, sondern Sünder. (Mk 2,13-17)

## 58. Jesus wählt zwölf Apostel

Jesus stieg auf einen Berg. Er rief die Jünger, die er erwählt hatte und sie kamen zu ihm: zwölf Männer. Sie sollten immer bei ihm bleiben: sehen, was er wirkte und hören, was er sagte. Diese Zwölf wollte er als seine Apostel aussenden, damit sie die gute Nachricht weitersagten und in seiner Vollmacht die kranken Menschen heilten. Die Zwölf waren: Simon, dem er den Namen Petrus gab, Jakobus und sein Bruder Johannes, dann Andreas, Philippus, Bartholomäus, Matthäus, Thomas, Jakobus, der Sohn des Alphäus, Thaddäus, Simon und Judas Iskariot, der später Jesus verriet. (Mk 3, 13-19)

## 59. Jesus wählt ein Volk

Jesus zog durch Galiläa. Er lehrte in den Gebetshäusern und verkündete das Evangelium Gottes. Er heilte alle, die krank waren und litten. Im ganzen Land sprach man über ihn. Die Menschen kamen von überall her zu ihm. Als Jesus die vielen Menschen sah, stieg er auf einen Berg. Er setzte sich nieder und seine Jünger kamen zu ihm. Jesus begann zu lehren:

Alle, die wissen, daß sie arm sind vor Gott, können sich freuen; ihnen gehört das Himmelreich.

Alle Trauernden können sich freuen; Gott wird sie trösten.

Alle, die keine Gewalt anwenden, können sich freuen; Gott wird ihnen die Erde zum Besitz geben.

Alle, die sich danach sehnen, daß Gottes Wille geschieht, können sich freuen; Gott wird ihre Sehnsucht erfüllen.

Alle Barmherzigen können sich freuen; Gott wird sich ihrer erbarmen.

Alle, die ein reines Herz haben, können sich freuen; sie werden Gott sehen.

Alle, die Frieden stiften, können sich freuen; Gott nimmt sie als seine Kinder an.

Alle, die verfolgt werden, weil sie sich an Gottes Willen halten, können sich freuen; ihnen gehört das Himmelreich. (Mt 4,23-25; 5,1-10)

## 60. Lebensregeln Jesu

Ihr kennt das Gebot, das bestimmt: Morde nicht. Wer einen anderen tötet, soll vor das Gericht kommen. Jetzt sage ich euch: Jeder, der seinem Bruder zürnt, soll vor das Gericht kommen. (Mt 5,21)

Wenn du unterwegs bist, um Gott eine Gabe zu bringen und dir einfällt, daß dein Bruder etwas gegen dich hat: Laß deine Gabe vor dem Altar liegen. Kehr um, versöhne dich mit deinem Bruder. Dann komm und bring deine Gabe. (Mt 5,23)

Ihr kennt das Gebot, das bestimmt: Eheleute sollen einander die Treue halten. Jetzt sage ich euch: Wer eine andere Frau oder einen anderen Mann auch nur im Herzen begehrt, hat die Treue gebrochen. (Mt 5,27-28)

Ihr habt gelernt: Liebe deinen Nächsten und hasse deinen Feind. Jetzt sage ich euch: Liebt eure Feinde und tut denen Gutes, die gegen euch vorgehen. Wenn ihr das tut, seid ihr Kinder eures Vaters im Himmel. Er läßt ja seine Sonne über Gute und Böse scheinen. Er schenkt den Gerechten und auch den Ungerechten Regen. (Mt 5,43-45)

Ihr sollt eure Feinde lieben, ihnen helfen, und das, was ihnen fehlt, ausleihen, auch wenn ihr nicht damit rechnen könnt, etwas zurückzubekommen. Gott wird es euch lohnen: ihr werdet seine Kinder. Er ist auch zu den Undankbaren und Sündern gut. Werdet barmherzig wie er. (Lk 6,35-36)

Richtet nicht übereinander, dann wird Gott euch nicht richten. Verurteilt niemand, dann wird Gott euch nicht verurteilen. Verzeiht einander die Schuld, dann wird Gott euch die Schuld verzeihen. Schenkt, dann wird Gott euch schenken. (Lk 6,37-38)

## 61. Das Gebet der Jünger Jesu

Jesus sagte zu seinen Jüngern, so sollt ihr beten:

Vater unser im Himmel, geheiligt werde dein Name. Dein Reich komme, dein Wille geschehe, wie im Himmel, so auf Erden. Unser tägliches Brot gib uns heute. Und vergib uns unsere Schuld, wie auch wir vergeben unseren Schuldigern. Und führe uns nicht in

Versuchung, sondern erlöse uns von dem Bösen. (Mt 6,9-13)

## 62. Jesus schenkt einem Toten das Leben

Jesus kam mit seinen Jüngern in die Stadt Naïn. Viele Leute gingen mit ihnen. Am Tor der Stadt kam ihnen ein Trauerzug entgegen. Ein junger Mann wurde zu Grab getragen; der einzige Sohn seiner Mutter. Sie war Witwe und nun ganz allein. Nachbarn und Freunde begleiteten sie zum Grab.

Jesus sah die Frau und sie tat ihm leid. Er sagte zu ihr: Weine nicht! Dann ging er zu der Bahre und faßte sie an. Die Träger blieben stehen und Jesus sagte zu dem jungen Mann: Ich befehle dir, steh auf! Da richtete sich der Tote auf und begann zu reden. So gab ihn Jesus seiner Mutter zurück.

Alle, die dabei waren, packte die Furcht. Sie lobten Gott und sagten: Ein großer Prophet wirkt unter uns. Gott selbst hilft seinem Volk. Überall im Land erzählte man, was Jesus für die Menschen tat. (Lk 7, 11-17)

## 63. Warum habt ihr Angst?

Eines Abends sagte Jesus zu seinen Jüngern: Wir wollen über den See an das andere Ufer fahren. Sie stiegen in das Boot und legten ab. Da brauste plötzlich ein mächtiger Sturm über den See. Die Wellen gingen hoch, das Boot füllte sich mit Wasser. Jesus aber schlief hinten im Boot. Die Jünger weckten ihn und riefen: Kümmert es dich nicht, daß wir untergehen?

Da stand Jesus auf. Er drohte dem Wind und sagte zum See: Still! Sei ruhig! Da legte sich der Wind und es wurde still. Zu den Jüngern aber sagte Jesus: Warum habt ihr Angst? Warum habt ihr keinen Glauben? Da fürchteten sich die Jünger. Sie fragten einander: Ist er mehr als ein Mensch? Sogar der Wind und die Wellen gehorchen ihm! (Mk 4,35-41)

## 64. Hungrigen werden satt

Jesus wollte mit seinen Aposteln allein sein. Aber die Leute liefen hinter ihnen her. Jesus sprach mit den Menschen über das Leben, das Gott schenkt. Er heilte alle, die seine Hilfe brauchten. Am Abend kamen die Zwölf zu ihm und sagten: Schick die Leute in die Dörfer, damit sie dort Unterkunft und etwas zu essen bekommen. Hier ist es einsam wie in der Wüste. Jesus aber antwortete: Gebt ihr ihnen zu essen! Sie sagten: Wir haben nur fünf Brote und zwei Fische. Wir müßten erst weggehen und für all die Leute etwas zu essen kaufen. Es waren rund fünftausend Männer, dazu noch Frauen und Kinder.

Doch Jesus befahl: Sagt ihnen, sie sollen sich in Gruppen hinsetzen; jeweils fünfzig Leute. Die Jünger taten, was Jesus ihnen befohlen hatte. Jesus nahm die fünf Brote und die zwei Fische. Er blickte zum Himmel, segnete die Brote und die Fische. Dann brach er sie und gab sie seinen Jüngern zum Austeilen. Alle, die dort waren, aßen und wurden satt. Ja, es blieb noch übrig: zwölf Körbe voll Brotreste. (Lk 9,10-17)

## 65. Brot des Lebens

Die Leute, die von den Broten gegessen hatten, sagten zueinander: Er ist gewiß der Prophet, den Gott in die Welt schickt. Jesus wußte, daß sie ihn zwingen wollten, ihr König zu werden. Darum zog er sich zurück.

Am anderen Tag suchten sie ihn in Kafarnaum. Sie fanden ihn und fragten: Wann bist du hierhergekommen? Jesus aber antwortete ihnen: Ich weiß, daß ihr mich nur sucht, weil ihr von den Broten gegessen habt und satt geworden seid. Müht euch doch nicht um das Brot, das verdirbt. Müht euch um das andere Brot, das ewiges Leben gibt.

Da fragten sie ihn: Was will Gott von uns? Jesus sagte: Gott will nur das eine, daß ihr dem glaubt, den er gesandt hat. Ich bin das Brot, das Leben schenkt. Wer sich an mich hält, wird nie mehr hungern. Wer an mich glaubt, wird nie mehr dürsten. (Joh 6)

## 66. Das Bekenntnis der Jünger

Jesus betete an einem einsamen Ort. Seine Jünger waren bei ihm. Da fragte er sie: Was halten die Leute von mir? Sie antworteten: Einige meinen, du seist der Täufer Johannes. Andere sagen: Elija oder ein anderer Prophet sei wiedergekommen. Jesus fragte: Und ihr? Für wen haltet ihr mich? Da antwortete Petrus: Wir glauben, daß du der Messias bist, der Retter, den Gott versprochen hat.

Jesus verbot seinen Jüngern mit anderen darüber zu sprechen. Er sagte: Der Menschensohn muß viel leiden. Die Ältesten des Volks, die höchsten Priester und diejenigen, die sich in der Heiligen Schrift auskennen, lehnen ihn ab. Man wird ihn töten. Doch am dritten Tag wird er auferstehen. Dies sagte Jesus über sich selbst. (Lk 9,18-22)

## 67. Das Zeugnis des Vaters

Jesus nahm den Petrus, Jakobus und Johannes mit sich auf einen Berg. Dort wollte er beten. Während er betete, veränderte sich das Aussehen seines Gesichtes und seine Kleider strahlten weiß. Plötzlich waren zwei Männer da, Mose und Elija, die redeten mit Jesus. Der Glanz des Himmels umstrahlte sie. Die beiden sprachen mit Jesus über das, was ihm nach Gottes Plan in Jerusalem widerfahren sollte.

Petrus und die beiden anderen Apostel waren eingeschlafen. Sie erwachten und sahen Jesus in leuchtendem Glanz. Sie sahen auch die beiden Männer, die bei ihm waren. Als die beiden weggehen wollten, sagte Petrus: Herr, wir sind gerne hier. Laß uns drei Zelte aufrichten: für dich, für Mose und für Elija. Petrus verstand nicht, was er sagte. Noch während er sprach, senkte sich eine schwere, dunkle Wolke auf den Berg. Angst überfiel die Jünger. Aus der Wolke rief eine Stimme: Dieser ist mein Sohn, mein Erwählter. Hört auf ihn. Als die Stimme verstummte, sahen sie niemand außer Jesus. Die Jünger erzählten in jener Zeit keinem, was sie auf dem Berg erlebt hatten. (Lk 9, 28-36)

## JESUS LEHRT: VOM LEBEN MIT GOTT UND DEN MENSCHEN

### 68. Wem schenkt Gott ewiges Leben?

Einer, der sich in den Weisungen des Mose auskannte, wollte Jesus auf die Probe stellen. Er fragte ihn: Was muß ich tun, um das ewige Leben zu erlangen? Jesus fragte ihn: Was steht darüber in der Heiligen Schrift? Der Lehrer antwortete: Du sollst Gott lieben mit ganzem Herzen, ganzem Willen und mit all deinen Kräften. Und: liebe deinen Nächsten wie dich selbst. Das ist richtig, sagte Jesus. Wenn du dich daran hältst, gewinnst du das ewige Leben. Doch der Schriftgelehrte wollte sich nicht zufrieden geben. Er fragte: Wer ist denn mein Nächster?

Da erzählte Jesus: Ein Mann ging von Jerusalem nach Jericho. Unterwegs überfielen ihn Straßenräuber. Sie nahmen ihm alles weg, schlugen ihn und ließen ihn halbtot liegen. Ein Priester kam auf demselben Weg. Er sah den Verletzten und ging weiter. Auch ein Levit kam vorbei, sah ihn und blieb nicht stehen. Schließlich kam ein Mann aus Samarien - ein Fremder. Er sah den Verwundeten, hatte Mitleid. Er ging zu ihm, reinigte seine Wunden und verband sie. Dann setzte er den Mann auf sein Reittier und brachte ihn in ein Rasthaus. Dort kümmerte er sich um ihn. Bevor er am nächsten Morgen weiterritt, gab er dem Wirt Geld und sagte zu ihm: Sorge für den Verletzten. Wenn du mehr dafür aufwendest, werde ich es dir erstatten, wenn ich auf dem Rückweg vorbeikomme.

Jesus fragte den Lehrer: Was meinst du? Wer von den dreien hat in diesem Fall als Nächster gehandelt? Der Lehrer antwortete: Derjenige, der barmherzig

war. Jesus sagte zu ihm: Geh hin und tu wie er. (Lk 10,25-37)

**69. Wen wird Gott in sein Reich aufnehmen?**

Jesus sagte einmal: Wenn der Menschensohn wiederkommt, wird er alle Völker zusammenrufen. Er wird die Menschen richten und scheiden - wie ein Hirt die Schafe von den Ziegen trennt. Die einen wird er auf seiner rechten Seite sammeln, die anderen auf seiner linken.

Zu denen, die rechts stehen, wird er sagen: Kommt her! Euch segnet der Vater. Ihr sollt in seinem Reich leben; es war von Anfang an für euch bereitet. Denn als ich hungrig war, habt ihr mir zu essen gegeben. Als ich durstig war, habt ihr mir zu trinken gegeben. Als ich keine Heimat und kein Haus hatte, habt ihr mich aufgenommen. Als ich nackt war, habt ihr mir Kleider gegeben. Als ich krank war, habt ihr mich besucht. Als ich im Gefängnis war, seid ihr zu mir gekommen. Dann werden alle, die auf der rechten

Seite stehen, fragen: Herr, wann haben wir das getan? Er wird ihnen antworten: Ja, ich sage es euch: Was ihr für einen meiner geringsten Brüder getan habt, das habt ihr für mich getan.

Zu denen, die auf seiner linken Seite stehen, wird er sagen: Was ihr für meine geringsten Brüder nicht getan habt, das habt ihr mir nicht getan. (Mt 25,31-45)

## 70. Vom Irrtum des reichen Bauern

Jesus warnte alle, die bei ihm waren: Gebt acht und hütet euch, daß ihr nicht habgierig werdet. Denn auch ein Reicher kann sich das Leben nicht selber sichern. Und er erzählte ihnen eine Geschichte: Auf den Feldern eines reichen Mannes wuchs Getreide in Fülle. Er überlegte sich: Was soll ich damit tun? Ich weiß nicht, wo ich das viele Korn lagern soll. Schließlich kam ihm eine Idee. Er sagte sich: Ich will meine Scheunen abbrechen und größere bauen. Dort werde

ich das Korn und alle anderen Vorräte lagern. Dann kann ich sicher sein und mir sagen: Nun habe ich ausgesorgt. Dieser Vorrat reicht für viele Jahre. Ich brauche nicht mehr zu arbeiten. Ich kann essen und trinken und mich am Leben freuen. Gott aber sprach zu diesem Mann: Du bist ein Dummkopf! Noch in dieser Nacht wirst du sterben. Was nützen dir dann deine Vorräte? Jesus sagte: So geht es allen Menschen, die Reichtümer für sich selber sammeln, aber nicht vor Gott reich werden. (Lk 12,15-21)

## 71. Vom verlorenen Schaf

Viele Zöllner und Sünder kamen zu Jesus. Sie hörten ihm zu. Die Pharisäer und die Schriftgelehrten ärgerten sich darüber und sagten: Er gibt sich mit den Sündern ab! Ja er ißt sogar mit ihnen.

Da erzählte ihnen Jesus eine Geschichte. Er sagte: Stellt euch vor, daß ein Mann hundert Schafe hat. Wenn sich nun ein Schaf verirrt, wird er dann nicht die neunundneunzig auf der Weide lassen und das Verlorene solange suchen, bis er es findet? Wenn er es gefunden hat, freut er sich. Er trägt es auf seinen Schultern zurück. Wenn er dann nach Hause kommt, sagt er seinen Freunden und Nachbarn: Freut euch mit mir! Mein Schaf war verloren - ich habe es wiedergefunden! Jesus sagte: So ist es bei Gott im Himmel. Er freut sich über jeden Sünder, der sein Leben ändert. (Lk 15,1-7)

## 72. Vom guten Hirten

Jesus sagte: Ich bin der gute Hirt. Ein guter Hirt ist bereit, für seine Schafe zu sterben. Ein Hirt, der nur für Lohn arbeitet, läuft davon, wenn er den Wolf kommen sieht. So kann der Wolf die Schafe reißen und die Herde auseinandertreiben. Er flieht, weil es ihm nur um den Lohn geht - nicht um die Schafe. Ich bin der gute Hirt. Ich kenne meine Schafe und sie

kennen mich. Ich bin bereit, für meine Schafe zu sterben.

Die Juden, die diese Rede hörten, diskutierten miteinander. Die einen sagten: Ein böser Geist spricht aus ihm. Er weiß nicht, was er sagt. Andere meinten: So wie er spricht keiner, der besessen ist. Wie kann ein böser Geist Kranke gesund machen? (Joh 10,11-14.19-21)

## 73. Vom Vater und seinen zwei Söhnen

Jesus erzählte: Ein Mann hatte zwei Söhne. Der Jüngere sagte: Vater, gib mir meinen Anteil am Erbe. Da teilte der Vater seinen Besitz. Der Jüngere nahm alles, was er bekommen hatte, und zog in die Fremde. Er wollte das Leben genießen und gab sein Geld aus, ohne zu rechnen. Als er alles ausgegeben hatte, brach eine große Hungersnot aus. Der junge Mann war schlecht daran. Er ging zu einem Bauern und bat ihn um Arbeit. Der schickte ihn aufs Feld als Schweinehirt. Er hatte Hunger und hätte gern von dem Futter gegessen, das die Schweine bekamen. Doch niemand gab es ihm. Da dachte er nach und überlegte: Mein Vater hat viele Taglöhner. Sie haben genug zu essen. Bevor ich hier verhungere, will ich umkehren und zu meinem Vater gehen. Ich will ihm sagen: Vater, ich habe gegen Gott und gegen dich gesündigt. Laß mich wie einen Lohnknecht für dich arbeiten.

Der Vater sah ihn von weitem kommen. Er hatte Mitleid mit seinem Sohn, lief ihm entgegen und umarmte ihn. Der Sohn aber sagte: Vater, ich habe gegen Gott und gegen dich gesündigt. Darum verdiene ich nicht mehr, dein Sohn zu sein. Doch der Vater sagte: Wir wollen ein Fest feiern und fröhlich sein. Mein Sohn war tot, jetzt lebt er wieder. Er war verloren, jetzt ist er heimgekehrt.

Als der ältere Sohn vom Feld zurückkam, hörte er Musik und fröhliches Treiben. Er fragte einen Knecht: Was soll das bedeuten? Der sagte ihm: Dein Bruder ist heimgekehrt. Dein Vater feiert ein Freudenfest, weil er seinen Sohn wiederhat. Da wurde der ältere Sohn zornig. Er ging nicht ins Haus. Sein Vater kam zu ihm heraus und wollte ihm alles erklären. Doch der Sohn machte dem Vater Vorwürfe: All die Jahre arbeite ich für dich. Trotzdem hast du mir nie auch nur einen Ziegenbock geschenkt, damit ich meine Freunde zum Festmahl einladen konnte. Der Vater antwortete ihm: Du bist mein Sohn. Du bist immer bei mir. Alles, was ich habe, gehört auch dir. Doch heute können wir nur froh sein und feiern. Denn dein Bruder war tot, jetzt lebt er wieder. Er war verloren, jetzt ist er heimgekehrt. (Lk 15,11-32)

## 74. Von einem Bettler und einem Reichen

Es war einmal ein reicher Mann. Er trug die kostbarsten Kleider und hatte alles, was er sich wünschte. Vor der Tür seines Hauses hockte ein Armer namens Lazarus. Lazarus war elend dran. Er hatte am ganzen Leib Geschwüre. Er war so hungrig, daß er gern die

Abfälle gegessen hätte, die vom Tisch des reichen Mannes auf die Erde fielen. Die streunenden Hunde bedrängten ihn und leckten seine Wunden.

Als Lazarus starb, kam ein Engel und brachte ihn zu Abraham in den Himmel. Auch der Reiche starb und wurde begraben. In der Welt der Toten litt er viele Qualen. Als er aufblickte, sah er Abraham. Er sah auch Lazarus in Abrahams Schoß geborgen. Da rief er: Vater Abraham, hab Erbarmen mit mir. Schick doch den Lazarus. Er soll seinen Finger in Wasser tauchen und mir die Zunge kühlen - ich leide viele Qualen in diesem Feuer. Doch Abraham antwortete ihm: Erinnere dich! Dein ganzes Leben lang hattest du alles, was du dir wünschtest. Für Lazarus war es gerade umgekehrt. Darum wird er jetzt getröstet. Zwischen uns und euch liegt ein tiefer Abgrund. Niemand kann von hier zu euch, oder von euch zu uns kommen.

Da flehte der reiche Mann: Ich bitte dich, Vater, schick Lazarus in mein Elternhaus. Er soll meine fünf Brüder warnen, damit nicht auch sie an diesen Ort der Qual kommen. Abraham entgegnete: Sie haben die Weisungen des Mose und die der Propheten. Daran können sie sich halten. Der Reiche bat noch einmal: Gewiß, sie haben die Weisungen des Mose und die der Propheten - doch wenn einer von den Toten zu ihnen käme, würden sie ihr Leben ändern. Darauf sagte Abraham: Wenn sie nicht auf Mose und die Propheten hören, werden sie sich auch nicht überzeugen lassen, wenn einer von den Toten aufersteht. (Lk 16,19-31)

## 75. Von einem Selbstgerechten und einem Zöllner

Jesus begegnete einmal einigen Pharisäern. Sie meinten, daß sie alle Gebote Gottes erfüllten und deswegen andere Menschen verachten könnten. Ihnen erzählte Jesus eine Geschichte:

Zwei Männer gingen in den Tempel, um zu beten. Der eine war ein Pharisäer. Der andere war ein Zöllner. Der Pharisäer ging nach vorn und betete: Gott, ich danke dir, daß ich besser bin als die anderen. Ich raube nicht, ich betrüge niemand, ich halte meiner Frau die Treue und ich bin auch nicht wie dieser Zöllner da. Ich faste zweimal in der Woche und gebe den zehnten Teil von meinem Verdienst für den Tempel.

Der Zöllner blieb hinten stehen. Er senkte den Kopf, schlug an die Brust und betete: Gott, ich bin ein Sünder! Hab Erbarmen mit mir. Jesus sagte: Ja, ich sage euch: Dieser Zöllner ging nach Hause als einer, dem Gott vergeben hat. Der andere nicht. (Lk 18,9-14)

## 76. Ein Blinder glaubt

Jesus kam in die Nähe der Stadt Jericho. Dort saß ein blinder Bettler am Rand der Straße. Als er merkte, daß viel mehr Menschen als sonst vorbeikamen, fragte er: Was ist denn los? Man sagte ihm, daß Jesus von Nazaret in die Stadt komme. Da begann der Blin-

de zu rufen: Jesus, Sohn Davids! Hab Erbarmen mit mir! Die Leute, die vor Jesus hergingen, fuhren ihn an: Schweig! Sei still! Doch er rief noch lauter: Sohn Davids! Hab Erbarmen mit mir!

Jesus blieb stehen und ließ den Blinden herbeiholen. Als der vor ihm stand, fragte Jesus: Was willst du? Was soll ich für dich tun ? Der Blinde antwortete: Herr, ich möchte sehen können! Jesus sagte: Du kannst sehen. Dein Glaube hat dich geheilt. Von diesem Augenblick an konnte der Blinde sehen. Er ging mit Jesus und lobte Gott. Auch alle anderen, die dabei waren, lobten Gott. (Lk 18,35-43)

## 77. Zachäus ändert sein Leben

Jesus zog durch die Stadt Jericho. Dort lebte Zachäus, der oberste aller Zöllner. Er war sehr reich. Gern hätte er Jesus gesehen, doch die vielen Menschen ließen ihn nicht durch. Zachäus war ein kleiner Mann. Darum lief er voraus, an eine Stelle, an der Jesus vorbeikommen mußte. Dort kletterte er auf ei-

nen Feigenbaum. Als Jesus an die Stelle kam, blieb er stehen, schaute nach oben und sagte: Zachäus, komm herab! Heute will ich in deinem Haus bleiben.

Rasch kletterte Zachäus vom Baum. Er freute sich, daß Jesus bei ihm zu Gast sein wollte. Die anderen aber, die es sahen, empörten sich: Bei einem Sünder ist er eingekehrt! Zachäus sagte zu Jesus: Herr, ich will die Hälfte meines Besitzes den Armen geben. Denen, die ich betrogen habe, gebe ich das Vierfache zurück. Jesus aber sagte zu ihm: Heute hast du und deine Familie erfahren, daß Gott rettet. Denn ich bin gekommen, um die Verlorenen zu suchen und zu retten. (Lk 19,1-10)

## GESTORBEN - BEGRABEN - AUFERSTANDEN

### 78. Jesus kommt zum Pascha nach Jerusalem

Wenige Tage vor dem Paschafest sagte Jesus zu den zwölf Aposteln: Wir gehen jetzt hinauf nach Jerusalem. Dort werde ich den obersten Priestern und Schriftgelehrten ausgeliefert. Sie werden mich zum Tod verurteilen und den Römern übergeben. Die werden mich verspotten, anspucken, auspeitschen und töten. Doch nach drei Tagen werde ich auferstehen. (Mk 10,32-34)

Als sie in die Nähe der Stadt kamen, schickte Jesus zwei Jünger voraus: Geht in das Dorf. Dort werdet ihr einen jungen Esel sehen, auf dem noch niemand geritten ist. Bindet ihn los und bringt ihn zu mir. Wenn jemand euch fragt: Was macht ihr da?, dann sagt: Der Herr braucht das Tier, er wird es bald zurückgeben. Die zwei gingen in das Dorf. Sie fanden alles, wie Jesus gesagt hatte. Sie führten das Tier zu Jesus.

Jesus ritt auf dem Esel nach Jerusalem. Die Leute, die zusammen mit ihnen unterwegs waren, breiteten ihre Kleider wie einen Prunkteppich vor ihm aus. Sie brachen Zweige von den Büschen und legten sie auf

die Straße. Die Vielen, die mit Jesus zogen, riefen laut: Hosanna! Er sei gepriesen. Er kommt im Auftrag Gottes. Gepriesen sei das Reich unseres Vaters David. Jetzt wird es Wirklichkeit. Hosanna in der Höhe! (Mk 11,1-10)

## 79. Der Jünger Judas verrät seinen Herrn

Zwei Tage vor dem Paschafest kamen die obersten Priester und die Schriftgelehrten zusammen. Sie suchten nach einer Gelegenheit, wie sie Jesus auf listige Weise gefangennehmen und töten könnten. Sie sagten zueinander: Es darf nicht am Fest geschehen, sonst könnten die Leute einen Aufstand machen!

Einer der zwölf Apostel, Judas Iskariot, ging zu den Priestern und sagte: Ich bin bereit, euch Jesus auszuliefern. Das hörten sie gern und versprachen ihm eine Belohnung - dreißig Silberstücke. Von da an suchte Judas nach einer günstigen Gelegenheit, um Jesus auszuliefern. (Mk 14,1-2.10-11)

## 80. Das Abendmahl

Am Tag, an dem die Juden das Paschalamm schlachten, sagte Jesus zu Petrus und Johannes: Geht in die Stadt. Dort werdet ihr einem Mann begegnen, der einen Wasserkrug trägt. Folgt ihm, bis er in ein Haus geht. Fragt den Herrn dieses Hauses in meinem Namen: Wo ist der Raum, in dem ich mit meinen Jüngern das Mahl halten kann? Er wird euch ein Zimmer zuweisen. Die beiden gingen und fanden alles so, wie Jesus gesagt hatte. Sie bereiteten das Paschamahl vor.

Am Abend setzte sich Jesus mit seinen Aposteln an den Tisch. Er sagte: Ich habe mich sehr danach gesehnt, vor meinem Leiden dieses Paschamahl mit euch zu essen. Ich sage euch: Ich werde es nicht mehr essen, bis das Reich Gottes angebrochen ist. Und er nahm das Brot, sagte Dank, brach es, reichte es den Jüngern und sprach: Nehmet und esset alle davon: Das ist mein Leib, der für euch hingegeben wird.

Ebenso nahm er nach dem Mahl den Kelch, dankte wiederum, reichte ihn seinen Jüngern und sprach: Nehmet und trinket alle daraus: Das ist der Kelch des neuen und ewigen Bundes, mein Blut, das für euch und für alle vergossen wird zur Vergebung der Sünden. Tut dies zu meinem Gedächtnis. (Lk 22,7-20)

## 81. Das Kennzeichen der Jünger Jesu

Nach dem Mahl zeigte Jesus seinen Jüngern wie er sie liebt - und wie sie einander lieben sollen. Jesus stand auf und band sich ein Leinentuch um. Dann füllte er eine Schüssel mit Wasser und begann, seinen Jüngern die Füsse zu waschen. Simon Petrus wollte diesen Dienst nicht annehmen. Er protestierte: Du, Herr, willst mir die Füße waschen? Jesus antwortete ihm: Du wirst erst später verstehen, was ich dir heute tue. Petrus wehrte ab: Niemals darfst du mir die Füße waschen. Doch Jesus sagte: Wenn ich dir diesen Dienst nicht tue, gehörst du nicht zu mir. Da sagte

Petrus: Herr, dann wasch mir nicht nur die Füße, sondern auch die Hände und den Kopf.

Später, als Jesus wieder am Tisch saß, sagte er: Versteht ihr, was ich euch getan habe? Ihr sagt Lehrer zu mir, und Herr - und ihr habt recht damit. Ich bin euer Herr und Lehrer. So wie ich euch die Füße gewaschen habe, sollt auch ihr einander dienen und die Füße waschen. Ich habe euch ein Beispiel gegeben. Liebt einander! So wie ich euch geliebt habe, sollt ihr einander lieben. Das soll euer Kennzeichen sein: Wenn ihr einander so liebt, wird jeder merken, daß ihr meine Jünger seid. Die größte Liebe hat der, der für seine Freunde stirbt. Ihr seid meine Freunde. Tut, was ich euch auftrage.

Jesus sagte: Ich bin nicht mehr lange bei euch. Aber habt keine Angst. Glaubt an Gott und glaubt an mich. Ich gehe zum Vater. Bei ihm bereite ich einen Platz für euch. Dann werde ich wiederkommen und euch zu mir holen. Ihr werdet für immer bei mir sein. Ich werde den Vater bitten, daß er euch einen mächtigen Helfer, den Heiligen Geist, schickt. Er ist der

Geist der Wahrheit. Er wird euch an alles erinnern, was ich euch gesagt habe. (Joh 13 - 15)

## 82. Jesus betet am Ölberg

Nach dem Mahl ging Jesus in einen Garten auf dem Ölberg. Seine Jünger gingen mit ihm. Als sie dort ankamen, sagte Jesus zu ihnen: Betet, damit ihr in der Versuchung stark bleibt. Dann ging Jesus in den Garten hinein, er allein. Dort kniete er nieder und betete: Vater, wenn du willst, kannst du mir das Leiden und den Tod ersparen. Doch nicht mein, sondern dein Wille soll geschehen.

In seiner Todesangst betete Jesus so inständig, daß sein Schweiß wie Blut auf die Erde tropfte. Schließlich stand er auf und ging zu seinen Jüngern zurück. Sie schliefen, denn die Angst und die Sorge hatten sie müde gemacht. Jesus sagte zu ihnen: Wie könnt ihr schlafen? Wacht auf und betet, damit ihr der kommenden Prüfung standhaltet.

Als Jesus noch mit seinen Jüngern sprach, kamen Männer in den Garten. Judas Iskariot war ihr Anführer. Er ging auf Jesus zu und wollte ihm einen Begrüßungskuß geben. Jesus fragte: Judas, willst du mich mit diesem Kuß verraten? Als die Jünger begriffen, daß die Männer Jesus verhaften und mitnehmen wollten, fragten sie: Herr, sollen wir dich verteidigen? Einer von ihnen zog das Schwert und schlug einem der Diener des obersten Priesters das rechte Ohr ab. Jesus aber wehrte ihnen: Hört auf! Er berührte das Ohr des Verletzten und heilte ihn. Dann sagte er zu den Häschern: Ihr habt Schwerter und Knüppel mitgenommen, um mich zu fangen. War ich nicht Tag für Tag bei euch im Tempel? Warum habt ihr nicht gewagt, dort etwas gegen mich zu unternehmen? Aber jetzt ist eure Stunde da, jetzt hat die Finsternis die Macht. (Lk 22,39-53)

## 83. Petrus verleugnet seinen Herrn

Die Häscher nahmen Jesus fest und führten ihn in das Haus des Hohenpriesters. Petrus wartete eine Weile, dann ging er hinterher. Im Hof brannte ein Feuer und Petrus setzte sich zu denen, die sich am Feuer wärmten. Eine Magd sah Petrus und erkannte ihn: Du bist doch einer, der zu Jesus hält? Petrus aber leugnete und sagte: Ich kenne ihn nicht. Bald darauf erkannte ihn ein anderer: Du gehörst zu den Jüngern Jesu! Petrus leugnete wieder: Nein, ganz gewiß nicht!

Eine Stunde später sagte ein Dritter: Du warst mit ihm zusammen, du stammst ja auch aus Galiläa. Petrus beteuerte: Ich weiß nicht, wovon du redest. In diesem Augenblick krähte ein Hahn. Da erinnerte sich Petrus, daß Jesus ihm einmal gesagt hatte: Ehe am Morgen der Hahn kräht, wirst du mich dreimal verleugnen. Da stand Petrus auf und ging hinaus. Er weinte bitterlich. (Lk 22,54-62)

## 84. Jesus vor dem Hohen Rat

Am Morgen versammelten sich die Ältesten des Volkes, die obersten Priester und die Gesetzeskundigen. Sie ließen Jesus vorführen und forderten: Wenn du der Retter bist, den Gott seinem Volk versprochen hat, dann sag es uns. Jesus antwortete: Selbst wenn ich es euch sage - ihr werdet mir nicht glauben! Und wenn ich euch frage - ihr werdet mir nicht antworten. Doch von nun an wird der Menschensohn an der rechten Seite Gottes sitzen. Da fragten sie ihn: Also bist du Gottes Sohn? Jesus entgegnete: Ihr sagt es - ich bin es. Da riefen alle: Wir brauchen keine Zeugen gegen ihn. Wir alle haben gehört, was er sagte. (Lk 22,66-71)

## 85. Die Verhandlung vor Pilatus

Die Anführer des Volkes brachten Jesus zum römischen Statthalter Pontius Pilatus. Sie klagten ihn an : Er wiegelt das Volk auf! Er behauptet, er sei der

Retter, der König! Pilatus fragte Jesus: Bist du ein König? Jesus antwortete ihm: Mein Königtum ist nicht von dieser Welt. Sonst würden meine Diener für mich kämpfen. Ich bin ein König und ich bin in die Welt gekommen, um die Wahrheit zu bezeugen. Jeder, dem es um die Wahrheit geht, hört, was ich sage. Da fragte Pilatus: Was ist Wahrheit?

Zu denen, die Jesus anklagten, sagte Pilatus: Ich finde keinen Grund, um ihn schuldig zu sprechen. Jedes Jahr gebe ich am Paschafest einem eurer Gefangenen die Freiheit. Soll ich zu diesem Pascha den König der Juden freisprechen? Da riefen sie: Nicht Jesus! Gib den Barabbas frei! Barabbas war ein Straßenräuber. Also ließ Pilatus den Barabbas frei und befahl, Jesus auszupeitschen. Die Soldaten flochten eine Spottkrone aus Dornen und drückten sie ihm auf den Kopf. Sie hängten ihm einen roten Mantel um die Schultern und verspotteten ihn: Sei gegrüßt, König der Juden! Und sie schlugen ihm ins Gesicht.

Pilatus führte Jesus hinaus zu seinen Anklägern und sagte: Da seht, diesen Menschen! Sie aber riefen: Er soll am Kreuz hängen. Pilatus sagte: Dann nehmt ihn und kreuzigt ihn! Ich finde keinen Grund, um ihn zu verurteilen. Sie aber hielten ihm entgegen: Wir haben ein Gesetz, das bestimmt, daß er sterben muß. Er hat ja von sich selbst gesagt, er sei Gottes Sohn. Sie bedrängten Pilatus so lange, bis er Angst bekam und Jesus zum Tod am Kreuz verurteilte. (Joh 18,28 - 19,16)

## 86. Jesus stirbt am Kreuz

Jesus trug sein Kreuz bis vor die Stadt hinaus auf einen Hügel, der Golgota heißt. Dort schlugen sie ihn ans Kreuz. Mit ihm wurden zwei Verbrecher hingerichtet. Ihre Kreuze standen links und rechts vom Kreuz Jesu. Pilatus ließ ein Schild oben an das Kreuz Jesu nageln. Darauf stand: Das ist Jesus von Nazaret, der König der Juden. Die obersten Priester ärgerten sich darüber und sagten zu Pilatus: Ändere die In-

schrift und schreibe: Er hat behauptet, er sei der König der Juden. Doch Pilatus weigerte sich: Was ich geschrieben habe, bleibt geschrieben.

Beim Kreuz Jesu standen vier Frauen: seine Mutter, die Schwester seiner Mutter, die Frau des Klopas und Maria von Magdala. Der Jünger, den Jesus liebte, stand bei seiner Mutter. Als Jesus sie sah, sagte er zu seiner Mutter: Er ist von nun an dein Sohn. Zu dem Jünger sagte er: Sie ist von nun an deine Mutter. Von da an nahm der Jünger Maria zu sich und sorgte für sie.

Jesus wußte, daß er alles vollbracht hatte. Er sagte: Es ist vollbracht! Dann senkte er den Kopf und starb. (Joh 19,17-30)

## 87. Jesus wird begraben

Josef von Arimathäa war ein einflußreicher Mann. Er gehörte zum Rat der Juden, aber er wartete auch darauf, daß Gottes Reich anbreche. Er ging am Abend zu Pilatus und bat ihn: Erlaube mir, daß ich Jesu Leib vom Kreuz nehme und begrabe. Pilatus gab Josef die Erlaubnis, den Leichnam Jesu zu begraben. Josef kaufte ein Leinentuch, nahm Jesu Leib vom Kreuz, wickelte ihn in das Tuch und legte ihn in ein Grab, das in einen Felsen gehauen war. Dann rollte er einen großen Stein vor den Eingang zum Grab. Zwei Frauen, Maria von Magdala und Maria, die Mutter des Joses beobachteten ihn und sahen, wohin er den Leichnam Jesu legte. (Mk 15,42-47)

## 88. Die Botschaft des Engels

Als der Sabbat vorüber war, kauften Maria von Magdala, Maria, die Mutter des Jakobus und Salome Salböl. Sie wollten zum Grab gehen, um Jesu Leib zu salben. In der Morgenfrühe, als eben die Sonne aufging, kamen sie zum Grab. Unterwegs fragten sie einander: Wer wird uns den Stein vom Eingang des Grabes wälzen?

Als sie an das Grab kamen, sahen sie, daß der Stein weggewälzt war. Die Frauen gingen in das Grab hinein und sahen auf der rechten Seite einen Mann in weißen Kleidern sitzen. Da erschraken sie sehr. Der Engel aber sagte zu ihnen: Erschreckt nicht! Ihr sucht Jesus von Nazaret, der am Kreuz starb. Er ist nicht hier. Er ist auferstanden. Seht, an dieser Stelle hat sein Leib gelegen. Kehrt um und sagt seinen Jüngern und besonders dem Petrus, daß er euch vorausgeht nach Galiläa. Dort werdet ihr ihn sehen, so wie er euch gesagt hat. Da wandten sich die Frauen um und flohen voll Angst und Schrecken - weg vom Grab. Sie erzählten niemand davon, denn sie fürchteten sich. (Mk 16,1-8)

## 89. Zwei Jünger begegnen dem Auferstandenen

An demselben Tag waren zwei Jünger unterwegs. Sie gingen von Jerusalem nach Emmaus. Unterwegs sprachen sie über alles, was sie in Jerusalem erlebt hatten. Da kam Jesus und ging mit ihnen. Doch die beiden erkannten ihn nicht. Er fragte sie: Was redet ihr miteinander? Die beiden blieben traurig stehen. Einer von ihnen, es war Kleopas, fragte: Weißt du wirklich nicht, was in Jerusalem geschehen ist? Der Fremde entgegnete: Was meinst du denn?

Die beiden Jünger berichteten: Wir sprechen über Jesus von Nazaret. Er war ein Prophet. Er sprach und wirkte machtvoll vor Gott und den Menschen. Er wurde zum Tod verurteilt und hingerichtet. Wir hatten gehofft, daß er der Retter sei. Und nun ist schon der dritte Tag, seitdem das alles geschah. Heute, in der Frühe, gingen ein paar Frauen aus dem Kreis der Jünger zum Grab. Sie fanden seinen Leichnam nicht. Sie behaupteten, sie hätten einen Engel gesehen und von dem Boten Gottes erfahren, daß Jesus lebe. Danach gingen ein paar Jünger zum Grab. Sie fanden alles so, wie die Frauen erzählt hatten. Ihn selbst sahen sie nicht.

Da sagte der Fremde zu den beiden Jüngern: Ver-

steht ihr nicht, was geschieht? Könnt ihr dem Wort der Propheten nicht vertrauen? Der Messias mußte all dies erleiden, darum gibt Gott ihm Würde, Macht und Leben. Und er erklärte ihnen, was in den Heiligen Schriften über den Messias geschrieben steht. Schließlich kamen die drei Wanderer in das Dorf Emmaus. Jesus wandte sich ab, als wolle er weitergehen. Da drängten ihn die zwei Jünger: Bleib doch bei uns! Es wird schon Abend. Der Tag geht zu Ende.

Jesus ging mit ihnen ins Haus und blieb bei ihnen. Später, als er mit ihnen am Tisch saß, nahm er das Brot. Er sprach den Lobpreis, brach das Brot und gab es ihnen. Da gingen den beiden die Augen auf und sie erkannten den Herrn. Dann sahen sie ihn nicht mehr. Die beiden sagten zueinander: Brannte nicht unser Herz, als er uns erklärte, was das Wort Gottes bedeutet?

Noch in derselben Nacht brachen die beiden Jünger auf: Zurück nach Jerusalem. Dort waren die elf Apostel mit vielen Jüngern versammelt. Sie sagten zu den beiden: Es ist wahr! Der Herr ist auferstanden! Er ist dem Petrus begegnet. Da erzählten die beiden, was sie auf dem Weg nach Emmaus erlebt hatten und wie sie Jesus erkannten, als er das Brot für sie brach. (Lk 24,13-35)

### 90. Begegnung in Jerusalem

Die Jünger waren in Jerusalem versammelt. Sie fürchteten sich, darum hatten sie die Türe verschlossen. Plötzlich war Jesus bei ihnen und sagte: Friede sei mit euch. Dann zeigte er ihnen die Wunden an seinen Händen. Als die Jünger ihren Herrn erkannten, freuten sie sich. Jesus aber sagte ein zweitesmal zu ihnen: Friede sei mit euch. Wie der Vater mich gesandt hat, so sende ich euch. Er sagte zu ihnen: Empfangt den Heiligen Geist. Allen, denen ihr die Schulden erlaßt, sind sie erlassen von Gott. Allen, denen ihr sie nicht erlaßt, sind sie nicht erlassen. (Joh 20,19-23)

### 91. Der Herr sendet seine Boten zu allen Völkern

Die elf Apostel gingen nach Galiläa auf den Berg, zu dem der Herr sie bestellt hatte. Dort sahen sie Jesus. Sie fielen vor ihm nieder. Doch einige zweifelten an Jesus. Er trat zu ihnen und sprach: Der Vater hat mir Vollmacht gegeben - über den Himmel und über die Erde. In dieser Vollmacht sende ich euch. Geht zu allen Völkern. Macht alle Menschen zu meinen Jüngern. Tauft sie auf den Namen des Vaters, des Sohnes und des Heiligen Geistes. Lehrt sie und sagt ihnen alles, damit sie so leben können, wie ich es euch gezeigt habe. Ihr könnt sicher sein: Ich lasse euch nicht allein. Ich bleibe bei euch, alle Tage, bis an das Ende der Weltzeit. (Mt 28,16-20)

# JESUS BLEIBT BEI UNS

## 92. Der Abschied von den Jüngern

Vierzig Tage vergingen nach Ostern. In dieser Zeit begegnete der Herr seinen Jüngern. Er sagte zu ihnen: Bleibt in Jerusalem und wartet auf den Helfer, den der Vater euch senden wird. Johannes hat am Jordan mit Wasser getauft. Ihr werdet getauft mit dem Heiligen Geist. Dann werdet ihr meine Zeugen sein. Hier in Jerusalem und in allen Ländern, bis an die Grenzen der Erde.

Nachdem er seinen Jüngern all das gesagt hatte, wurde er in den Himmel emporgehoben. Sie sahen es mit eigenen Augen. Eine Wolke kam und barg ihn. Wie gebannt blickten die Jünger auf zum Himmel, doch dann waren zwei Männer in weißen Kleidern bei ihnen. Die sagten: Was steht ihr da und schaut zum Himmel? Jesus, der von euch weg in den Himmel ging, wird wiederkommen. Ihr werdet ihn erkennen. (Apg 1,1-11)

## 93. Gottes neues Volk: Kirche Jesu Christi

Am Pfingsttag waren alle Jünger Jesu, Männer und Frauen, mit Maria, der Mutter Jesu, in demselben Haus versammelt. Sie warteten auf den Helfer, den Jesus ihnen versprochen hatte. Da, plötzlich, kam vom Himmel her ein gewaltiges Brausen, wie ein großer Sturm. Das ganze Haus war voll davon. Feuerzungen erschienen und verteilten sich über jeden. Der Heilige Geist erfüllte alle. Sie priesen Gott und sie priesen Jesus Christus seinen Sohn.

Viele Menschen aus fernen Ländern waren zum Fest nach Jerusalem gekommen. Vor dem Haus, in dem die Jünger waren, drängten sich die Menschen. Alle erschraken, denn jeder von ihnen hörte die Jünger Jesu in seiner eigenen Sprache reden. Ratlos sagten sie zueinander: Was soll das bedeuten? Da begann Petrus zu reden. Er rief: Hört auf mich! Ich will es euch erklären. Hier und heute wird Wirklichkeit, was

der Prophet Joël in Gottes Auftrag angekündigt hat. Am Ende der Zeit schenkt Gott allen Menschen seinen Geist. Erinnert euch an Jesus von Nazaret. Er kam im Auftrag Gottes und wirkte die Taten Gottes. Ihr habt es miterlebt. Gott hat seinen Sohn hingegeben - ihr habt ihn angeklagt und durch die Römer verurteilen lassen. Er ist am Kreuz gestorben, doch Gott hat ihn aus dem Tod erweckt. Wir alle sind seine Zeugen. Gott hat ihn erhöht. Er ist der Messias.

Die Worte des Petrus trafen viele Menschen ins Herz. Sie fragten: Was sollen wir tun, Brüder? Petrus antwortete: Ändert euer Leben. Laßt euch auf den Namen Jesu Christi taufen - zur Vergebung eurer Sünden. Dann wird er euch den Heiligen Geist schenken. Viele hörten auf Petrus und ließen sich taufen. An diesem einen Tag kamen dreitausend zur Gemeinde Jesu Christi. (Apg 2)

## 94. Leben mit Jesus - sterben für ihn

Von nun an wirkten die Apostel in Jerusalem. Sie

heilten die Kranken und sie bezeugten das Leben und das Sterben Jesu. Immer mehr Menschen kamen zum Glauben. Die obersten Priester und die Lehrer Israels wollten, daß die Menschen Jesus vergaßen. Darum verhafteten sie die Apostel, verhörten sie und verboten ihnen, im Namen Jesu zu lehren. Doch die Apostel kümmerten sich nicht um das Verbot. Stephanus, einer der ersten Diakone, wurde gesteinigt. Doch bevor er unter dem Hagel der Steine zusammenbrach, rief er: Ich sehe, daß der Himmel offen ist. Ich sehe den Menschensohn, er steht zur Rechten Gottes. Herr Jesus, nimm mich auf!

In Jerusalem wurde die Gemeinde Jesu verfolgt. Alle, die ihren Glauben bekannten, wurden aus der Stadt vertrieben. Doch überall, wohin sie kamen, verkündeten sie, was Gott durch Jesus Christus für die Menschen getan hat. An allen Orten gründeten sie neue Gemeinden. (Apg 2 - 8)

## 95. Paulus, Apostel der Völker

Paulus war ein frommer Jude. Er kannte sich in den Heiligen Schriften aus und war überzeugt, daß Jesus nicht der Retter sein könne, sondern das Volk verführe. Darum zog Paulus von einer Stadt zur anderen, um diejenigen, die sich zu Jesus bekannten, von ihrem Glauben abzubringen oder zu bestrafen. Als er nach Damaskus ritt, um dort die Christen aufzuspüren und gefangen nach Jerusalem zu bringen, hatte er ein Erlebnis, das sein ganzes Leben veränderte. Licht vom Himmel umstrahlte ihn. Er stürzte zu Boden und hörte die Stimme: Warum verfolgst du mich?

Paulus wußte nicht, wie ihm geschah. Er fragte: Wer bist du, Herr? Und er vernahm die Antwort: Ich bin Jesus, den du verfolgst. Doch nun steh auf! Geh in die Stadt. Dort wirst du erfahren, was du tun sollst. Paulus ging nach Damaskus. Dort traf er Hananias, einen Jünger Jesu. Hananias wollte nicht glauben, daß Paulus dem Herrn begegnet und Jünger geworden war. Doch der Herr sagte ihm: Ich habe den Paulus erwählt. Er soll dafür sorgen, daß alle Völker meinen Namen kennen. Da nahm Hananias den Paulus in die Gemeinde auf.

Von da an war Paulus nicht mehr Christenverfolger, sondern Christusprediger. In Damaskus und in den anderen Städten verkündete er Jesus Christus als den Retter. Er wurde Wanderprediger, er sprach in den Gebetshäusern der Juden. Er gründete Christengemeinden. Er trat dafür ein, daß Juden und Griechen, Menschen aus allen Völkern der Erde zum neuen Volk Gottes gehören.

Paulus wurde verfolgt und verjagt, von einer Stadt zur anderen, bis nach Griechenland. Er schrieb Briefe an die Gemeinden, die er gegründet hatte. In ihnen mahnt und stärkt er die Gemeinden. Er sagt, was der Glaube an Jesus Christus für die Menschen bedeutet und was es heißt, als Christ zu leben. Schließlich wurde Paulus in Jerusalem verhaftet und als Gefangener nach Rom geschickt. Dort wurde er verurteilt und hingerichtet. Er starb für Jesus Christus. (Apg 9 - 28)

## 96. Paulus schreibt an die Gemeinden

Jesus ist gestorben, er wurde auferweckt und thront zur Rechten Gottes. Er tritt für uns ein. Was kann uns von Christus und seiner Liebe trennen? Bedrängnis oder Not, Hunger oder Kälte, Verfolgung oder Tod? Dies alles überwinden wir, weil er uns liebt. Ich bin sicher: Keine Macht der Welt kann uns trennen von ihm. (Röm 8,35-39)

Ihr glaubt an Jesus Christus, dadurch seid ihr Töchter und Söhne Gottes. Ihr seid getauft und gehört zur Gemeinschaft Jesu Christi. In dieser Gemeinschaft fragt man nicht mehr danach, ob einer Jude ist oder Grieche, Sklave oder Freier, Mann oder Frau - denn alle werden in Christus eins. (Gal 3,26-28)

Freut euch zu jeder Zeit. Hört nicht auf zu beten. Dankt für alles. Das erwartet Gott von denen, die sich zu Jesus Christus bekennen. Seid offen für das, was

der Geist euch sagt. Prüft alles - behaltet das Gute. Vom Bösen haltet euch fern. (1 Thess 5,16-22)

Christi Liebe drängt uns. Wir haben ja erkannt: Der Eine ist für alle gestorben, damit die Lebenden nicht mehr für sich leben, sondern für den, der für sie starb und auferweckt wurde. (2 Kor 5,14-15)

Liebe Brüder! Freut euch, laßt euch ermahnen, streitet nicht gegeneinander und lebt im Frieden! Dann wird der Gott der Liebe und des Friedens mit euch sein. Die Gnade Jesu Christi, des Herrn, die Liebe Gottes und die Gemeinschaft des Heiligen Geistes sei mit euch allen. (2 Kor 13,11.13)

## 97. Wir leben nicht wie Leute, die keine Hoffnung haben

Gott schenkt das Leben. Alles Lebendige hat Leben durch ihn. Aber: Unser Leben dauert siebzig Jahre, und wenn einer Kraft hat, wird er achtzig. Das meiste ist Mühsal und Gram. Rasch, wie ein Vogel fliegt, so geht es vorbei. (Ps 90,10)

Alle Menschen müssen sterben. Sie fragen: Ist der Tod stärker als Gott? Doch Glaubende sind sich sicher, daß Gottes Leben stärker ist als der Tod. Seine Liebe gibt niemand preis. Einer sagt im Gebet, was viele hoffen: Du gibst mich nicht der Unterwelt preis; du läßt den, der dir vertraut, nicht für immer im Grab. Du zeigst mir den Weg zum Leben. Bei Dir finde ich Freude in Fülle. Deine rechte Hand ist mir gut für alle Zeit. (Ps 16,10-11)

Der Apostel Paulus schreibt: Brüder, trauert nicht über eure Toten wie die anderen, die keine Hoffnung haben. Denn: wenn Jesus starb und auferstand - und das glauben wir fest - dann wird Gott auch die Toten durch Jesus und mit ihm zusammen zu sich führen. (1 Thess 4,13-14)

Israels Propheten sprechen vom »Tag des Herrn». Sie meinen den Tag, an dem alle irdischen Mächte vergehen, weil Gott kommt, um sein Volk zu sammeln und seine Herrschaft aufzurichten. Der »Tag des Herrn» ist der »Letzte Tag» unserer vergänglichen Welt. An ihm wird Gott die Schöpfung wandeln, samt ihren Ordnungen des Unrechts, der Sünde, des Leids:

An jenem Tag wird sich der Himmel im Feuer auflösen und die Elemente werden im Brand schmelzen. Dann erwarten wir, wie Gott verheißen, einen neuen Himmel und eine neue Erde, in denen die Gerechtigkeit wohnt. (2 Petr 3,12-13)

Jesu Jünger sind ungeduldig. Sie fragen ihn: Sag uns, wann Gottes Reich anbricht! Jesus antwortet ihnen: Niemand kennt den Tag und die Stunde, nicht einmal die Engel im Himmel. Auch nicht der Sohn, sondern einzig der Vater. (Mt 24,36; Mk 13,32)

Ihr könnt eines tun: Seid wachsam, denn ihr wißt nicht, an welchem Tag euer Herr kommt. (Mt 24,42)

Wenn der Herr der Schöpfung kommt und sie vollendet, wird er Gericht halten über die Lebenden und die Toten. In diesem Gericht werden die Menschen erkennen, daß es nur einen Herrn gibt und nur eine Liebe. Sie werden erkennen, daß es nur ein Unglück gibt: das Unglück, aus seiner Gemeinschaft ausgeschlossen zu sein; und nur ein Glück: das Glück des Lebens in seiner Gemeinschaft.

So schreibt der Apostel Paulus: Gott hat uns nicht für das Gericht seines Zorns bestimmt, sondern dafür, daß wir durch Jesus Christus, unseren Herrn, das Heil erlangen. Er ist für uns gestorben, daß wir vereint mit ihm leben. (1 Thess 5,9-10)

Jesus sagt zu einem Vater, der um sein totes Kind trauert: Ängste dich nicht - glaube nur. (Mk 5,36)

## 98. Gottes neue Welt

Der Seher Johannes schaut die neue Welt Gottes. Er schreibt: Ich sah einen neuen Himmel und eine neue Erde. Den ersten Himmel, die alte Erde und auch das Meer gibt es nicht mehr. Ich sah das neue Jerusalem von Gott her aus dem Himmel herabkommen. Und ich hörte eine laute Stimme, die rief: Seht, von nun an wohnt Gott bei den Menschen. Sie werden sein Volk sein und er wird für immer bei ihnen bleiben. Er wird alle Tränen aus ihren Augen wischen. Es gibt keinen Tod mehr, keine Trauer, keine Klage und keine Not. Was bisher war, ist vergangen. Und der auf dem Thron saß, sprach: Seht, jetzt mache ich alles neu.

Ja! Komm, Herr Jesus! (Offb 21,1-5)

# INHALTSVERZEICHNIS

## AUS DEN BÜCHERN DES ALTEN TESTAMENTS

### Vom Anfang



### Von den Patriarchen



### Mose führt das Volk durch die Wüste



### Könige und Propheten



### Warten auf den Messias



## AUS DEN BÜCHERN DES NEUEN TESTAMENTS

### Gott hält Wort: Jesus ist der Messias